이 책에 실린 대부분의 사진은 저자의 스마트폰 카메라로 직접 찍은 것입니다.
그 외는 지인들이 찍은 사진으로 동의를 받아 사용했습니다.

IF NOT NOW WHEN

지금 아니면 언제

황보혜정 지음

안나푸르나

머리말

사람들이 묻는다. "어떻게 그런 큰맘을 먹었어?
다녀와 보니 어때?"
내가 왜 한국을 떠났는지, 왜 한국을 떠나 홍콩으로
가게 되었는지 같은 말을 무한 반복하려니 지치고
입 아프더라. 그런데도 정말 말해주고 싶었고
알려주고 싶은 게 있었다. 어디선가 뭔가를 꿈꾸는
사람이 있다면 꿈으로만, 생각으로만, 계획으로만
그치지 말라고. 이렇게 따지고 저렇게 따지는 시간에
몸을 던져보라고.

서른넷의 나의 꿈은 한국이 아닌 다른 나라에서
살아보는 것이었다. 연예인 황보가 아니라 보통 사람
황보혜정으로, 이국인 에스텔라 보 Estella Bo로.
사실 이 꿈은 중학교 때 처음 꾸기 시작했는데,
실행하는 데 20년이나 걸렸다.
'지금이 아니면 언제 할 수 있겠어?'
미루다~ 미루다, 되는 대로 되겠지 하고 홍콩행
비행기 표를 확 예매해버려서 그나마 할 수 있었다.
마침 남편도 자식도 없는 몸이어서 가볍게 떠날 수
있었다.

20살에 아르바이트를 하는 레스토랑에서 우연히
제안을 받아 가수 황보로, 연예인 황보로 만들어져

지금껏 살아왔다. 황보로 사는 동안 나는 내 이름을 잃어버렸다. 내 이름은 '황보혜정'이다. 어쩌면 홍콩에서의 삶은 내 이름을 찾는 과정이었을지 모르겠다. 그리고 내 이름과 함께 연예인 황보로 사는 동안 누릴 수 없었던 자유로운 삶, 독립적인 삶, 자립하는 삶을 경험할 수 있었다. 덤으로 연예인 황보로 사는 데 지쳐 있다가 완전한 휴식을 선물로 받았다.

물론 홍콩에서 에스텔라 보로 사는 동안 삶이 녹록하지는 않았다. 떠나면 신세계가 열릴 줄 알았는데, 완전히 오해였고 착각이었다. 언어 문제뿐만 아니라 해결해야 할 경제적인 문제가 계속 나왔고, 집을 구하고 유지하는 것도 간단하지 않았다. 외국에서 혼자 살다 보니 아픔, 외로움, 배고픔을 해결하는 것도 문제였다. 현실은 내가 생각했던 것과 달랐고, 그래서 더 많은 걸 몸으로 부딪치고 더 많이 배울 수 있었다.
떠나지 않았다면 몰랐을 것들이 많다. 무엇이 소중하고, 무엇이 내 것이고, 무엇이 나인지 홍콩에서 혼자 사는 동안 뼈에 새겨질 정도로 확실히 깨달았다. 누군가에게 이런 말을 하는 날이 오다니! 감격에 겨워 눈물이 나오려고 한다. 지저스!

나를 가수의 길로 가게 해주시고 지금은 각자의 길을 멋지게 걷고 계시는 이상민 오빠, 이혜영 언니, 두 분이 아니었다면 가수 황보와 홍콩 사는 한국 여자 에스텔라 보, 이 두 가지 삶을 살아볼 수 없었을 것이다. 나의 작은 재능을 발견해주시고 글을 쓸 수 있도록 도와주신 중앙일보 양선희 논설위원님께 감사드린다. 그리고 작가도 아닌 내가 메모와 일기를 책으로 엮어 세상 밖으로 내놓을 수 있도록 해주신 '안나푸르나' 김영훈 대표님께 진심으로 감사드린다. 탁월한 선택이셨다고 전하는 바이다. 마지막으로 나의 홍콩 생활 다이어리의 주인공이 되어주신 나의 모든 지인분들과 지금 이 시간에도 꿈을 꾸는 분들에게 이 책을 바친다.

차례

5 머리말
12 프롤로그 · 일이 점점 커지네

part 1 홍콩의 외국인

21 Let it go! 출국
25 내 집은 어디에… 우여곡절 끝에 두 번의 이사
39 의지를 다지기 위한 피트니스센터 등록
43 눈물의 쥐 소동
53 지금은 니들을 상대할 때가 아니다
57 랭귀지 학원에서 나는…
   나는 사오정이다 | 나는 벙어리다
65 소호 호텔로 쫓겨 가다

part 2 나의 홍콩 생활 적응기

73 랭귀지 학원에서 프런트데스크 여직원과 다섯 달 만의 인사
77 홍콩에서 혼자 영화 보기, 홍콩에서 혼자 밥 먹기
83 랭귀지 학원 레벨 3 콤비 '보 & 오카다'
87 악마는 홍콩에서 프라다를 판다
91 지름신을 이겨내고 무작정 아무 버스
97 타지에서 혼자 아프니 서러워
101 부러진 코뼈 수술로 시간을 낭비하고 싶지 않다
107 JJ로부터의 이별 통보

part 3　외국인으로 여행하기, 현지인으로 즐기기

115　지마니 마니조와 홍콩 황보 투어

　　　지마니 마니조를 위한 첫 끼, 타이 푸드 식당 로터스 |
　　　너트포드 테라스, 식도락 명소의 밤 |
　　　애프터눈 티 카페 베란다에서 된장질을 | 홍콩 여행자라면 홍콩 스타벅스 |
　　　홍콩을 알려면 몽콕 시장에 가라 | 꾸밀 대로 꾸민 밤, 클럽으로
　　　홍콩 황보 투어의 끝

149　란 콰이 펑에서 놀아보지 않은 사람은 홍콩을 말하지 말라
155　홍콩 주말 밤의 30대 클러버
165　우리 클러빙 순례자들은 식당 취와에 간다
169　흔하디흔한 보트 트립
177　나의 홍콩 생활은 배웅하다 흘러간다
185　엄마의 방문

　　　엄마와 나, 천사와 악마 사이에서 | 엄마를 위한 마카오 여행 |
　　　마카오에는 에그 타르트가 있다 | VIP석에서 '하우스 오브 댄싱 워터' |
　　　베프가 된 엄마와의 데이트

part 4　에스텔라 보의 친구들

213　홍콩에서 친구 사귀기
219　길 위의 소냐, 우연이 불러온 인연
227　더구나 바에서 국적 다른 사람들과 영어로 대화하다
237　(남자를 이용하라 1) 집 열쇠 실종 사건
245　(남자를 이용하라 2) 번호 주고 얻은 나의 멋진 홍콩 매니저
257　홍콩 사는 한국 여자를 위한 감동의 생일 파티
263　세계에서 원나잇을 가장 많이 하는 여성의 나라

part 5 황보라는 과거, 황보라는 현재

271 홍콩에서 옛 나를 만나다

클레오 은정과의 재회 | 신화의 홍콩 콘서트에서 |
헤어 쇼 깜짝 BGM, 황보의 노래를 들으며

285 아르바이트 in 홍콩

오디션 | 나의 홍콩 아르바이트 성공기

part 6 끝과 시작

303 세 번째 집 집들이
309 굿바이 홍콩, 나를 위한 이별 파티
315 그리울 홍콩 할매
319 홍콩에서의 마지막 촬영
323 정신 줄 놓을 뻔한 홍콩의 마지막 날
329 눈물의 컴백 홈
337 웰컴 백, 황보혜정!

344 에필로그 · 떠나지 않았으면 몰랐을 것들

346 추천사

프롤로그
일이 점점 커지네

중학교 때부터 일기를 써왔다. 가끔 그 시절부터
쓴 옛날 일기장을 들춰보는데, 외국에 나가서 혼자
살아보고 싶다는 말이 일기장마다 쓰여 있다.
내가 쓴 일기지만 가끔 들춰 볼 때면
'맞아…. 난 늘 이런 것을 동경하는 아이였어….'
중학생 여자 아이의 문장 하나가 서른네 살이
되어버린 지금의 그녀에게 다시 읽혀졌다.
열다섯 살 즈음부터 시작된 그녀의 꿈.
늘 외국 생활을 동경했지만 돈이 가장 큰 문제였다.
아니, 문제라고 생각했다. 더 어릴 적엔 돈 때문에
꿈만 꾸고 계획만 세웠고, 더 커서는 돈을 더 버느라,
바쁘다는 이유로 미루기만 했다. 꿈이 있었는지조차
잊어버릴 때도 있었다.
미루고 잊다가 어느덧 나는 30대를 훌쩍 넘겨 중반에
들어섰다. 너무 빨리 흘러가는 시간과 부모님 걱정
때문에 나는 결국 내 꿈을 이루지 못할 것이라고
생각했다. 원망스럽고 아쉽고 두려운 마음이 내 안에
있었다.

매달 모이는 중학교 친구들의 모임에는 여섯 명의
친구가 있다. 여섯이 모두 모이던 우리 모임은 그중

한 명이 결혼한 후 다섯 명으로, 또 한 명이 결혼하자 다섯에서 네 명으로, 또 넷에서 세 명으로 줄다가 이제는 나와 친구 C만 남았다. 결혼을 하고 아이가 있는 친구들은 이제 모임에 나오지도 못한다.
'여섯에서 둘…. 이제 곧 있으면 한 명이 되겠구나.'
그 한 명의 자리를 두고 나와 C양이 서로 견제하고 있다.
결혼하고 아이가 있는 친구들이 부럽기도 했지만, 수다 좋아하고 노는 거 좋아하던 친구들이 가정을 위해 친구들 모임 하나 나오기 힘들어하는 걸 보면 안타깝기도 했다.
'나도 결혼하면 그리 될까? 그렇다면 나는, 내 꿈은 어떻게 되는 거지?'
내 꿈은 외국에서 혼자 살아보는 것. 친구들을 보면서 안타까움과 두려움을 느끼다가 일기장에나 적혀 있던 내 꿈이 떠올랐다.
'지금 아니면 언제 할 수 있는데? 애들 다 크고? 그때 가면 할 수는 있는 거야? 나에게 그런 배짱이 있을까?'
나에게 물었다. 나의 대답은 단번에 나왔다.
'네버! 분명 나도 결혼을 하게 되면 다른 여자들처럼 나 자신을 잊고 살게 되겠지. 나라는 사람은 없고, 누군가의 아내, 어떤 아이의 엄마로만 살게 될 거야.'
이런 생각을 하다 보니 뭔가 일을 저지르게 될 것 같아 심장이 두근거리기 시작했다. 그게 겁이 나서 들리는 심장 소리였는지, 설렘이었는지, 두려움이었는지는 나도 아직 모르겠다.
사실 나에게는 오래 만나온 남자 친구가 있었다. 결혼을 하게 된다면 당연히 그와 한다고 생각하고 있었다. 그와 결혼을 하면 결혼한 친구들처럼

가정에만 몰두하며 나의 꿈을 접고 살게 되는 것은
아닌지 순간 불안해지기 시작했다. 나중에 남편까지
원망하게 될지도 모른다는 생각이 들었다.
'결혼 전에 떠나보는 게 맞을까? 결혼해서 안정을
찾은 후에 남편과 함께 떠나는 게 맞을까?'
둘 중 무엇이 정답인지 자신 있게 말할 수 있는 사람은
아무도 없을 것이다.
결국 나는 많은 생각과 고민 끝에 기도를 하고 결론을
내렸다.
'그래 결심했어! 지금도 늦지 않았어. 지금 아니면
안 돼! 기회가 없을 거야. 다 늙어서 떠나면 뭐해?
한 살이라도 더 젊을 때 도전하겠어!'
마음속으로 이 말을 내뱉는 순간, 일이 점점 커지고
있음을 알았다.

나에겐 오랫동안 해온 고정 프로그램 〈무한걸스〉가
있었다. 게다가 아직 다른 방송 활동도 하고 있는
상황이라 쉽게 결정을 내릴 수가 없었다. 사실
한편으로는 방송을 내려놓고 미련을 못 갖게
한국에서 멀리 있는 나라로 가려고 했다. 뉴욕이나
캐나다, 호주? 하지만 그러면 무책임한 사람이
되는 것 같았다. 같이 살지는 않지만, 마음속에는 늘
부모님을 보살펴드려야 한다는 생각이 있었다.
하고 싶은 대로 살아보겠다고 부모님 곁을 오랫동안
떠나 있는 게 도리가 아닌 것 같았다.
'일단 부모님께 허락을 받자.'
사실 부모님은 언제나 내 뜻을 존중해주시고 또
그러실 거라는 걸 알기에 허락이라기보다는 통보에
가까웠다.

"물질적으로 너를 도와주지는 못할망정 네가 가고자 하는 길을 막을 수는 없지. 오히려 남들 부모처럼 부자여서 멋지게 유학비를 주고 싶은데, 그러지 못해서 미안하다. 그 대신 가서 공부하고 생활하는 동안 매달 보내던 돈은 보내지 마라. 엄마랑 아빠는 괜찮으니까, 너 하고 싶은 일 잘 하고 무사히 돌아와."

'아… 이것이 부모인가! 내가 무엇을 하건 나를 믿어주시는 부모님….'
그 어떤 것보다 힘이 되는 응원이었다.
생각해보니 부모님은 늘 그러셨다. 중학교 시절 태권도가 배우고 싶어서 부모님께 배우게 해달라고 졸랐던 적이 있었다. 없는 형편에 어떻게든 가르치려고 두 분이서 상의를 하시더니 결국 하게 해주셨다. 그때는 그게 당연한 줄로만 알았다. 부모니까. 나는 자식이니까. 가고 싶었던 무용 학원은 비싸서 안 된다고 하셔서 방문을 닫고 펑펑 울었던 기억도 있다. 지금 생각해보면 너무나 철이 없었다. 부끄럽기 짝이 없다.
'그렇다면 그다음은 남친의 허락? 아니면 통보?'

"신중하게 생각한 거니? 정말 니 꿈을 펼치기 위해서인지 현실 도피인지 다시 한 번 잘 생각해봐. 그래, 넌 어릴 적부터 입버릇처럼 말하곤 했었다. 언젠가 외국에서 살 거라고. 네 생각이 맞다면 후회 없이 잘 하고 와. 힘든 결정이었을 텐데, 너의 결정에 박수를 보낸다. 파이팅해라!"

그는 내가 고등학교 시절 나의 첫사랑이었다. 그래서
나를 누구보다 잘 안다. 아마 부모님 다음으로
날 잘 아는 사람일 것이다.
그의 응원 또한 나의 결정에 힘이 되어주었다. 용기를
주었다. 속으로는 그렇지 않았을 텐데… 미안….
마지막으로 〈무한걸스〉 식구들. 가족 다음으로
소중한 인연을 맺은 사람들이다. 함께 있으면
늘 즐겁고 에너지 넘치는 우리 멤버들이기에
'일'이라기보다는 모임 활동을 하는 것 같았다.
이 식구들과 헤어지고 싶지 않았다. 그래서 피가
섞이지는 않았지만 멤버 중 누구보다 내가 의지하고
있는 맏언니 송은이 언니와 의논을 했다. 역시나
언니의 의견은 반대였다. 일을 그만두고 가는 건
허락할 수 없단다.
'모든 걸 내려놓고 갈 것인가, 아니면 두 마리 토끼를
잡을 것인가.'
고민이 생겼다.
'그렇다면 나의 꿈은 이대로 또 스톱이란 말이더냐….
고냐 스톱이냐, 고인가 스톱인가…. 헐….'
모든 게 다시 원점으로 돌아가는가 싶었다. 그래서
최대한 가야 할 이유를 끄집어내기 시작했다.
'더 늦기 전에 하자 하자. 한번 해보자! 어떻게 보면
지금도 늦었다. 내가 무슨 부귀영화를 누리겠다고
그러는 건 아니지만, 언제까지 꿈만 꿀 거냐.
칼이라도 뽑아보자.'

또 포기해버릴까 봐 나를 쉴 새 없이 몰아붙였다. 그렇게 해서 계획한 것이 한국과 가장 가까우면서 자주 왕래가 가능한 곳, 바로 홍콩이었다.

사실 홍콩은 여행 차, 촬영 차 몇 번 갔다 온 적이 있었다. 한국과 가까웠다. 부산을 차로 가면 아무리 빠른 속도로 달려도 4시간 30분, 홍콩은 비행기로 3시간 30분 걸린다. 이렇게 비교를 하니 너무 쉽게 느껴졌다. 3시간 30분이면 영화 두 편 볼 시간이다. 영어권이기도 하고, 어떻게 보면 별다른 이유 없이 단지 가깝다는 이유만으로, 촬영이 있을 때마다 왕래하자는 조금은 무식한 생각으로 나는 생애 첫 외국 생활 공간으로 홍콩을 선택했다.

part 1

홍콩의 외국인

Let it go!

출국

드디어 떠나는구나.

나는 지금 가깝고도 먼 나라 홍콩으로 향하는
비행기 안에 앉아 있다. 나도 참…. 아무도 못 말리는
'무대뽀 정신'으로, 한번 시작했다 하면 멈추지 않는
무모함으로 도전을 또 시작했다.
'촬영 때문에 매주 한국에 들어갈 텐데 뭐. 별것 아닌
이별에 눈물 따위 흘리지 않겠어.'
부모님과 남자 친구에게 잘 갔다 오겠다는
문자를 보내고, 새 다이어리의 첫 장에 '홍콩 생활
스타트'라는 첫 문구를 비행기 안에서 장식하는데,
어느새 이미 도착한 것마냥 들떠 있었다.
홍콩 생활을 계획한 지는 오래됐지만, 급하게 준비를
해서 조금은 걱정이 되기도 했다. 더군다나 그곳에는
아는 사람도 없으니.
'진정 내가 지금 여행이 아니라 혼자서 한국이 아닌
다른 나라에 살러 간단 말이더냐.'
당최 믿을 수가 없고 신기하고 기뻐서 기내를
두리번두리번거리며 다른 이들은 어떤 표정으로
있는지 탐색하기 시작했다.

이번 비행은 오로지 '나'를 위한 것이었다.
가족과 일, 그리고 남자 친구까지 포기하고 떠나왔다.
소중한 걸 포기했다는 생각과 이제 나 혼자
모든 걸 책임져야 한다는 생각에 부담감과 의무감이
느껴졌다. 그것도 잠시. 어쩌면 포기하고 온 것보다
더 소중한 걸 찾는 계기가 될지도 모른다는 생각에
설레기 시작했다.

내 집은 어디에…

우여곡절 끝에
두 번의 이사

어느덧 홍콩에 온 지 한 달이 넘었다.
'아니 고작 한 달이라니…. 느낌은 벌써 몇 년은
썩은 것 같은데. 떠날 때만 해도 모든 일이 순조롭다
싶더니만 첩첩산중, 점입가경. 참 나….'

사실 홍콩을 선택하게 된 이유 중 하나가 아는
분이 한국으로 발령을 받아 홍콩 집을 비우는데,
계약 만료 기간이 한 달 남았고 어차피 집세를
냈으니 그냥 쓰라고 해서였다. 그분은 아는 언니의
남자 친구인데, 아직 두 사람이 결혼하기 전임에도
나는 형부 형부 하면서 잘 따랐다. 내심 내가 그 집에
사는 동안 둘이 헤어지면 어쩌나 걱정이 되기도
했지만, 그런 것까지 생각하면서 굴러들어온 행운을
놓치고 싶지는 않았다.
집은 주룽九龍 반도 퀄룬Kowloon에 있었다.
'엘리먼트'라는 레지던스였는데, 그 안에 헬스장과
수영장이 있고 지하철 퀄룬 역과 바로 연결되었다.
살기 너무 편리해서 나 혼자 살기 아까울 정도로
퍼펙트한 곳이었다. 한 달에 한화로 400~500만
원이나 하는 비싼 집세만 아니었다면 더 퍼펙트.
오래 있고 싶었지만 집세가 저러니 여기서 더
살다가는 쪽박 차고 돌아갈 게 뻔했다. 주어진
한 달이라도 이 집에서 잘 살다 가자.

일이 아주 술술 풀리는 한 달을 살아서 그런지, 한 달이 지나 다시 새로운 곳으로, 그것도 혼자 이사를 하려니 쉽지가 않았다.

특히 집세. 아니, 이놈의 집세가 어찌나 비싼지 홍콩 사람들은 버는 돈을 전부 다 집에 갖다 바치나 싶다. '우리나라는 전세라도 있지, 이곳은 보증금이라는 것을 맡기고도 매달 비싼 임대료를 내야 하다니. 아… 아깝다.'

홍콩에서는 집의 평수를 스퀘어핏 Square fit 으로 계산한다. 1,000 s.q fit이면 약 28평쯤 된다. 한국에서 28평 괜찮은 집이라면 월세가 200만 원 정도이고, 그 정도면 굿이다. 그러나 홍콩에서는 300~500만 원은 줘야 그런 수준의 깨끗한 집을 얻는다(여기서 깨끗한 집이란 바퀴벌레와 쥐가 나오지 않는 집을 말함. 지역과 동네마다 차이가 있음).

괜찮은 집이다 싶어 월세 가격을 알아보면 18~25K(K는 1,000단위). 2013년 1월 당시 한국 돈 환율로 따지면 1HK$(홍콩 달러)는 140원 정도니 18,000HK$×140원=2,520,000원이다. 정말. ㅜㅜ 내가 새로 머물기로 한 집은 약 550 s.q fit, 그러니까 14평쯤 된다. 그것도 그냥 원룸(스튜디오라고도 하지요). 문 열자마자 침대, 부엌, 화장실이 사이좋게 모여 있는 그런 원룸 말이다. 원룸이야 여자들이 독립해서 한번쯤 살고 싶어 하는 곳이니까 뭐. 나도 그런 로망을 가졌던 적이 있으니까 뭐. 그런데 이건 너무 비싸잖아!

그러다가 그나마 가격이 저렴한 곳을 발견하고 집을 보기로 결정했다.
부동산 중개소 직원 윙키 옌과 나의 두 번째 집을 위해 홍콩의 지하철 엠티알MTR을 몇 번이나 갈아타며 언덕길부터 시내까지 걸어 다녔다.
처음에 나는 홍콩 홈즈Hongkong Homes라는 사이트를 통해서 집을 찾았다. 마음에 드는 집을 골라 사진을 올린 담당자에게 이메일을 보냈더니 가장 빨리 답을 준 사람이 바로 윙키였다. 다른 사람들은 비싼 집만 추천하고 자꾸 집을 사라는 둥 엉뚱한 답장만 하고 답변도 늦고 했는데, 내가 원하는 깨끗해 보이는 집을 골라 사진을 보냈더니 윙키는 방문 가능한 집들의 자료를 정리해 보내왔다. 사진까지 첨부해서 말이다. 신뢰가 갔다. 타지에 살다 보면 신뢰에 끌리지 않을 수 없다.

나는 윙키와 이메일로 미리 약속 장소와 약속 시간을 정했다.

"Hi~ WinKi. 2:30pm Wanchai station ok?"

문자도 아니고 통화도 아닌, 고작 이메일이지만 그래도 이때만큼은 이메일을 만든 사람에게 얼마나 감사했는지 모른다. 아직 홍콩 휴대폰을 개통하기 전이라 한국 전화번호 말고는 아는 번호도 없었다. 게다가 로밍도 안 해서 휴대폰 데이터를 급할 때 가끔만 켜가며 이용했다. 가끔만. 데이터 요금이 비싸니까. >.<

서로의 얼굴을 모르는데 도착해서 서로 어떻게
알아볼까 걱정하자 윙키는 갈색 코트를 입고 있을
거라고 했다. 옷 색깔로 알아봐야 한다니. 무슨
소개팅도 아니고…. 모처럼만에 설렜다. 그런데 그것은
남자도 아닌, 여자도 아닌 부동산 사람…. -_-;;;

약속한 날 오후 2시 20분 완차이 역에는 정말 어려
보이는 여자 한 명이 나와 있었다. 그녀는 26살.
그보다 더 앳된 얼굴을 하고 있었다. 한국에서는
그렇게 어린 부동산 중개소 직원을 못 본 것 같은데,
신기했다. 아주머니 아저씨 부동산 중개소 분을
따라다니던 생각을 하니 신뢰가 덜 가기도 했다.
나이가 어려서 경험이 없을 것 같은 선입견이
스멀스멀 올라왔다.
윙키는 보러 갈 집이 완차이 역에서 조금 떨어진
동네에 있다고 했다. 나는 당연하게 그녀에게 차가
어디 있느냐고 물었다. 대답 대신 윙키는 나를
지하철 역으로 안내했다.
'헐… 한국에서는 부동산 중개소에서 조금이라도
먼 곳은 차로 함께 이동하는데. 아… 지하철을 타고
가야 하는구나….'
우린 어색한 인사를 주고받은 뒤 엠티알을 타고 먼저
보기로 한 집이 있는 성완 Sheung Wan 역으로 이동했다.

지하철 안에서 되지도 않는 영어로 윙키와 대화를 나눴다. 윙키가 나에게 건넨 첫 소개는 남자 친구에 관한 얘기였다. 남자 친구는 한국인이란다. 어색한 발음으로 '바켠준'이라고 알려준다. 박현준. 고객이 한국인이라서 남자 친구와 함께 나오려고 했다고 한다. 나는 나도 모르게 바로 "NO!"라고 외쳤다. 순간 나보다 더 놀란 윙키는 "Why?"라고 물었다.
'그러게… 내가 왜 그랬지?'
나는 내가 연예인이라는 걸 밝히고 싶지 않았다. 하고 있는 꼴도 찌질이 같고, 뭐랄까… 음… 그러니까…. 아무튼 나 하나 때문에 한국 연예인들은 모두 별로라고 판단하진 않을까 걱정되었다. 나름 국가를 위해서였다고나 할까?
이곳에서만큼은 평범하고 싶었다. 그래서 이름 또한 'BO'! 간단하고 짧고 쉽게 '보'라고 하는 게 좋을 것 같았다. 일단 급한 대로 부르기 쉬운 '보'.

성완 역 쪽 집은 센트럴에서 한 정류장 거리에 있긴 했지만, 집으로 가는 언덕이 가파르고 나는 자가용도 없을뿐더러 지하철역과도 다소 거리가 있었다. 아직 홍콩 지리에 약해서 대중교통으로 다니기 편하고 쉽고 역에서 가까운 곳이 더 좋을 듯했다.

그다음 이동한 코즈웨이베이Causewaybay 쪽에는 좀 더 마음에 드는 집이 있기는 했다. 코즈웨이베이의 중심인 대형 쇼핑몰 타임 스퀘어Time square와도 가깝고 지하철역 또한 가까워 이동하기 쉽다는 장점이 있었기 때문이다.
그런데 그 건물 아래 상점 직원들이 글쎄 나를 알아보는 게 아닌가.
'아뿔싸! 이거 참⋯.'
나를 보자마자 휴대폰 카메라를 들이대는데 너무 놀라 심장이 멎는 줄 알았다. 윙키가 눈치챌까 봐 상점 직원들에게 '쉬쉬' 하는 손짓에 "플리즈~"라고 숨 죽여 말했다.
그분들은 나와 사진 찍기를 원했다. 그런 마음을 알기에 잠시 후 다시 오겠다 약속하고 집을 둘러보고 난 후 조용히 혼자 내려가서 사진을 찍어주었다. 약속은 어떻게든 지켜야 했다. 나 하나 때문에 한국 이미지 깎아먹을 짓을 할 수도 없고, 사진 찍겠다고 뻥 치고 그냥 가는 건 좀 아닌 것 같았다. 나 혼자 나라 걱정을 너무 많이 하는 건가?
윙키의 눈치를 살피고 너스레를 떨면서 물었다.

"이곳 사람들은 한국 사람을 좋아하나 봐요?"
"아마 한류 때문에 그럴 거예요."

인정받는 말을 듣고 나니 휴~ 다행이다 싶었다. 아니 겨우 나쯤 돼도 이러는데 정말 한류 스타들은 얼마나 불편할까. 그들이 부럽기도 하지만 자유가 없을 거라고 생각하니 안쓰럽기도 했다. 그래도 이왕이면 톱스타가 되는 게 나으려나?

아무튼 요런 이유로 이 집은 맘에 들지만 패~스.

사실 나의 예산을 벗어나면 이보다 더 안전하고 좋은 집에 얼마든지 살 수도 있었겠지만, 생각보다 많은 한 달 월세 150만 원 한도 내에서 구하려다 보니 한계가 있었다. 한 달 월세 150만 원이면 1년이면 1,800만 원이다.
일 때문에 매주 한국에 갔다 와야 하므로 비행기 표 값은 남겨둬야 한다. 홍콩에서 한국까지 한 번 왕복하면 보통 46만 원에서 최고 60만 원이 들 때도 있다. 그럼 왕복 50만 원으로 잡아 계산을 해도, 한 달에 네 번, 월 200만 원씩은 비행기 표 값으로 어쩔 수 없이 지출한다. 참 현실적이지 못한 현실이었다.
자! 모아둔 돈 4천만 원. 이곳에서 굵고 짧고 호화롭게 쓰면서 3개월만 살다가 가느냐, 아니면 조금은 초라하고 서러울 수도 있지만 가늘고 길게 경험하고 돌아가느냐. 내 앞으로 두 가지 길이 보였다.
아… 4천만 원…. 예전 사무실 사장님께서 내 통장을 들고 달아나주시는 바람에 그때부터 생활고가 시작되었다. 일도 못하고, 아니 하기도 싫었고, 하기는 했는데 돈은 벌지 못하고, 세금은 또 내가 물고…. 그때 전 재산이 30만 원이었다. 그 돈으로 다시 시작해 집 대출금 갚고 다시 푼돈까지 열심히 아껴 4천만 원을 모았다. 그러니 개처럼 낭비할 수 없었다. 어떻게 모은 돈인데!

그렇게 힘들게 며칠을 돌아다니면서
얻은 집이 지금의 집이었다. 이 집으로
말씀드릴 것 같으면 가격 대비(HK$ 14K
per month) 최상이었다. 뉴욕 하우스의
느낌이 물씬 풍기는 조명에 풀 옵션
가구에 붙박이장 일부를 내리면
게스트용 침대 하나 더 추가, 게다가
머리가 살짝 벗겨지고 두꺼운 테
안경을 쓴 집주인 미스터 리는 친절하고
내가 원하는 조건을 다 맞춰주기까지
했다. 에어컨과 세탁기는 새것으로
교환, 냉장고는 큰 걸로 교체, 커튼까지
바꾸어주니 맘 바뀌기 전에 계약을
서둘러야 했다.

새로 산 세탁기를
설치하시는 중.
뒷모습이 윙키.

윙키의 말로는 이런 집주인은 찾기
힘들단다. 홍콩에서는 말이다. 단점은
영어를 한 마디도 못한다는 것. 별것
아닌 것 같아도 실상 큰 단점인 것이,
여기서 살다가 열쇠를 잃어버리거나
무슨 일이 생겨도 주인과 대화할
수 없다. 이곳 홍콩의 제2언어가
영어이기는 하지만, 중국에서
넘어왔거나 나이가 많은 땅 부자들은
영어를 그다지 잘하지 못한다고 한다.
배울 기회도 없었을 뿐더러 개인
통역관이 있으시다. 뭐 부자니까….
(부동산 중개소 직원의 정보일 뿐임.)

홍콩은 보증금은 따로 없고, 첫 달에 석 달치 월세를 모두 내고 들어간다. 이것이 보증금인 셈이다. 물론 두 달치는 나중에 돌려받는다. 부동산 중개소의 커미션, 그러니까 복비는 한 달치의 50퍼센트를 주면 된다. 그래서 홍콩은 부동산 중개소와 땅 부자들만 계속해서 잘산다는 말이 있는가 보다.
'아… 비싸다. 카드라도 되면 편하련만. 게다가 전부 현금으로 내야 하니 이 사람을 어찌 믿나….'
그래도 집을 계약하고 나니 진짜 나만의 공간을 얻었구나 싶어 한시름 놓았다. 정말 '한' 시름이다. 그것도 아주 잠깐.

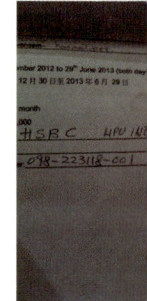

나의 새 보금자리 계약 완료!

'……'
어째 일이 술술 잘 풀린다 했다.
일단 이 집은 1968년에 지어졌으며 엘리베이터가 없었다. 계약 당시에는 '튼튼한 두 다리가 있는데 계단 오르내리는 것쯤이야'라고 생각하고 맘에 든 집 놓칠까 봐 얼른 계약을 했다. 게다가 홍콩 아일랜드에서 가장 핫한 플레이스 센트럴 소호Soho(한국으로 따지면 강남. 하하하!)에 있는 집이었다는 말씀! 하지만 역시 신중하지 못했다.
ㅜ_ㅜ;;;
내가 살 곳은 3층이었는데, 말이 3층이지 계단이 꽤 높아 높이는 6층이었다. 혼자 짐을 들고 6층 같은 3층 계단을 오르락내리락하는데, 한두 번은 참을 만했으나 갈수록 눈물이 고이고 서러움이 밀려왔다. 내가 매니저를 이토록 보고파 했던 적이 있었나? 아 그동안 나는 스스로 할 수 있는 일조차 하지 않고 매니저의 손길에 너무 익숙해져 있었다.

창문에서 바라본
엘진 스트리트.

사실 나는 이삿짐센터 직원을 부르기 애매할 만큼
옮길 짐이 그다지 많지 않았는데, 이삿짐센터에
이메일로 연락을 했었다. 내 짐 꾸러미들을 사진으로
찍어 첨부한 후 "얼마인가요?" 하고 문의했으나 답은
오지 않았다….
'내 영어가 잘못됐나? 아니면 이 정도 짐은 취급도
안 하나? ㅜㅜ'
결국 처음 집이었던 주룽 반도 퀄룬에서 홍콩
아일랜드 센트럴의 소호에 있는 새 집으로 혼자
이사를 하기로 결정했다.
나는 혼자 하루에 두 번, 3일에 걸쳐 지하철을 이용해
짐을 옮기기 시작했다. 캐리어를 간신이 끌고 올려
계단으로 들어 옮기고 나면 진이 다 빠졌다.
'이럴 줄 알았으면 옷은 단벌로 버티는 건데….'

옷 장사 하러 왔나? 미친….

신발 장사 하러 왔나? 미친….

셀프 이사 했을 때의 모습이 저랬을 듯. (마니조가 찍어준 사진)

관광객 티 내고 싶지 않아서 멋 부리려고 옷도 잔뜩, 신발도 잔뜩 챙겨 왔는데….
'아이고 내가 이걸로 무슨 부귀영화를 누리겠다고…. 아 후회된다. 그리고 진심 한심하다고 느껴짐.'
짐을 끌고 지하철에서 집까지 왔다 갔다 할 때면 행여 나를 알아보는 한국인이라도 만날까 봐 불안하기도 했다. 캐리어를 끄는 내 행색은 정말 폐지 줍는 사람 저리 가라 할 정도였다. 사실 꾸밀 여유도 없었다. 홍콩 여배우처럼 살다 가고자 했던 나의 드림은 한 달 만에 무너졌다.

의지를
다지기 위한
피트니스센터
등록

학원 → 집 → 교회 → 학원 → 집 → 교회 → 다시 집, 가끔 마트….
매일 똑같은 생활 패턴에 싫증이 날 무렵 운동을 해야겠다고 마음먹게 됐다. 한국에서는 러닝머신 위에서 하루를 시작해서 골프, 승마, 헬스…
정말 매일 운동만 하며 살았는데, 이곳에 온 후로는 다람쥐 쳇바퀴 돌듯 정해진 코스로만 움직이고 있었다. 어느새 게을러지고 있다는 생각이 들었다. 게을러지니 살이 찌고 있었다.
하지만 없는 돈 탈탈 털어서 왔는데 여유 부리며 헬스장 따위에 돈을 쓰고 싶지 않았다. 간단하게 음식 조절로 살을 빼면 되겠지만, 내가 아는 나는 그런 독한 정신으로 살을 뺄 수 있는 사람이 아니므로 결국 운동을 해야만 했다.
돈 안 드는 운동은 동네를 뛰는 것밖에는 없었는데, '홍콩에서는 절대 조깅하지 말라'는 말이 있을 정도로 홍콩은 공기가 너무 좋지 않다. 나쁜 공기 핑계 삼아 조깅도 선뜻 시작하지 못했다.
내 몸을 이대로 방치하다가는 몸이 망가지는 건 물론이고 의지가 더 약해질까 봐 두렵고 불안해졌다. '안 그래도 30대가 훌쩍 넘어 기초대사량도 점점 낮아지는 판에…. 에이 어차피 늙을 거 아름답게 늙어보자꾸나.'

나는 집에서 가까운 퓨어 휘트니스에 등록하기로 마음을 먹었다. 아니 그런데 가격이…. 뭐가 그리 비싼지 입이 다물어지지 않았다. 게다가 가입비Joining fee가 따로 있다는 게 말이나 돼? 가입비 빼고 한 달에 약 1,200hkd(약 167,000원)를 내야 그곳에서 운동을 할 수 있었다. 그것도 6개월치를 한 번에 등록할 경우에. 그렇지 않으면 그나마 저렴한 것이 월 1,900hkd(약 260,000원)였다. 한국에서는 협찬이나 연디(연예인 디씨 ㅋㅋ)가 되는데…. 으헝~.
'등록을 해? 말어? 사교, 문화생활, 그리고 타지 적응을 위해 투자할까? 말까? 아… 고민된다….
그래 결심했어! 일단 지르자. 지르고 보자!'
이러고 있다가 폐인이 되겠다 싶어 큰맘 먹고 신용카드 긁어 주심. ㅠ.ㅠ 그래서 나는 최대한 이렇게 본전을 뽑아야 했다.

- 아침에 수업 가기 전에 운동, 그리고 저녁에 한 번 더!
- 매일 피트니스센터에서 나오는 공짜 사과 챙기기!
- 홍콩에서는 물도 사 먹어야 하니 빈 병 들고 가서 정수기 물 채워 가기!
- 피트니스센터에 있는 DVD 빌려 보면서 런닝머신 하기!
- 샤워는 피트니스센터에서 꼭 하고 집에 가기!

어느새 런닝머신 하면서 본 미드(미국 드라마) 〈가십 걸Gossip Girl〉의 대사들이 내 머릿속에 차곡차곡 쌓여가고 있었다. 그래서 미드 보면서 영어 공부 하라고들 하나? 하지만 선정적인 대사 먼저 외워진다는 사실! lover lover and... make love... (부끄부끄.)
나는 〈가십 걸〉을 보면서 운동하고 여기 직원들은 나를 두고 가십하고 있을 테지…. 저 한국 여자 진상이라고 하겠다. 그러나 상관없다. 들키지 않게 잘 했다. 피트니스센터에서 말을 거의 한 적이 없어서 한국 사람인지 모를 거다. 어차피 난 한국 사람처럼 안 생겼음.

운동이 끝나면 바로 아래에 있는 퓨어 카페에서 혼자 숙제를 하곤 했다.

나중에는 테니스까지. 근데 왜 살이 안 빠질까….

눈물의
쥐 소동

사나흘에 걸쳐 이사를 셀프로 끝낸 후 드디어 나만의 공간에서 첫날밤을 따뜻하게 보낸다는 기대감에 한껏 부풀어오르려 하고 있~는데~~. 그날이 아마 1월 1일 새해 첫날이었다지? "새로운 맘으로 열심히 살자! 시간 낭비 말고 최선을 다하자!" 아침에 일어나자마자 외치고, 그날 밤 잠자리에 들려 했는데~~.
어디선가 바스락바스락 소리가 들렸다. 음악을 늘 틀고 자서 그 소리가 사운드의 일부라고 생각했다. 그러다가 문득 아닌가, 뭐지, 잘못 들었나 하고 다시 잠을 청하는데 비닐봉지를 구기는 것처럼 바스락바스락 소리가 또 들렸다. 순간 불길한 예감이….
'아 설마….'
고개를 들어 부엌 쪽을 봤다. 오 마이 갓뜨! 분명 네 조각이었던 빵이 한 조각만 남아 있었다. 게다가 스토브 쪽에 있던 빵은 싱크대 쪽으로 옮겨져 있었다.
'아… 누가 내 치즈를 옮겼을까….'

이건 분명 '쥐'였다. 음악을 잠시 멈췄다. 다시 바스락
소리를 들었을 때 정말 쥐가 맞나 확인하려고 부엌
안쪽을 자세히 들여다보고 싶었지만 꾹 참았다. 만약
그랬다면 분명 '쥐'님과 아이컨택을 했을 것이다. 뷁!!
헛기침 소리를 내고 책장을 두드리는 것으로
쥐님들을 긴장시킨 후 살며시 부엌을 들여다보았다.
빵의 위치가 달라진 것으로 봐서는 쥐님이 있는 게
확실한데, 설상가상으로 확인까지 했다면 아마 난
그 자리에서 기절했을 것이다. 우웩! 정말 생각만 해도
소름이 돋는다.
중학교 때 우리 집 하수구에서 본 게 마지막인데,
이곳에서 다시 보게 될 줄이야…. 눈물이 나올락 말락.
'자, 심호흡하고, 하나… 둘… 셋!'
카운트와 동시에 나는 그 집을 뛰쳐나왔다. 뒤도
돌아보지 않고 부랴부랴 달렸다. 너무 무서워
울먹이면서 후디 점퍼와 휴대폰만 들고 운동화는
구겨 신은 채였다. 바람에 눈물이 날리는 것을 느낄
정도로 부랴부랴 달렸다. 집에서 가능한 한 멀리.

그때 그 시각. 새벽 3시 30분쯤 됐을까. 거리는 한산하고 거리에 있는 것이라곤 쓰레기 냄새와 취객 한두 명, 그리고 꽃거지도 아닌 그냥 거지들. 어릴 적 신문 배달을 한 적이 있는데, 새벽 공기에 쓰레기 냄새를 맡으니 오랜만에 그때가 떠올랐다.
추억은 잠시뿐. 갑자기 무서움이 밀려왔다. 무조건 빠른 걸음으로 걸었다. 이유 없이 눈물이 났다. 내가 왜 여기 있는 건지, 왜 이리 서러운 건지…. 참지 못하고 눈물이 터져버렸다. 남들이 보든 말든 서럽게 흑흑거리면서 울었다. 크리스마스, 연말, 새해 첫날까지 혼자 보내고 난 후라 안 그래도 서러운데, 쥐새끼님까지 함께해주시니 고마워서 눈물이 다 났다. T_T

한 시간쯤 걸었을까, 어느새 성완 '홍콩 중앙 교회' 앞이었다. 크리스마스 때 지인을 통해 알게 되어 예배를 드리던 한인 교회였다. 갑자기 고향에라도 도착한 기분이었다. 안도의 한숨과 서러움에 더 눈물이 났다.
'흑흑. 교회에 앉아서라도 한숨 자야지.'
하지만 그 시각 교회의 문은 야속하게도 잠겨 있었다. 시계를 보니 새벽예배 서너 시간 전이었다.
'아… 이 절망감…. 이제 어디로 가야 하지….'

생각해보니 홍콩에 지인의 집도 있었다. 그러나
아는 사람은 알지만, 난 원래 누구 도움을 받는 걸
몸서리칠 정도로 싫어한다. 그럴뿐더러 피해주는 건
더더욱 싫다. 도움받는 게 왜 그렇게 부담스러운지.
도와주고도 욕먹고 도움받아도 욕먹던 예전의
안 좋은 기억 때문일까. 여하튼 아버지 닮아 쓸데없는
자존심. 이럴 때는 차라리 눈치도 없고 염치도 없는
사람이었으면 좋겠다. 게다가 그 지인은 신혼인데,
그 시각에 신혼집에 쳐들어가는 건 좀 아니잖아. -_-;;;

두리번거리다가 다행히 부티끄 호텔 한 곳을
발견했다. 부티크 호텔은 호텔 수준은 아니어도
나름대로 깔끔한 모텔이라고 생각하면 된다.
일단 그곳으로 들어갔다. 프런트데스크에 여직원
하나가 앉아 있었다.
'카드가 안 된다고 하면 어쩌지?' (홍콩은 아직 카드
사용이 활성화되어 있지 않다.)

"Excuse me. Do you have a room?"

우선 여직원에게 방이 있냐고 물었다. 다행히 빈 방도
있었고 카드도 쓸 수 있었다. 그러나 그녀는 내게
패스포드를 달라고 했다.
'아니 이 코딱지만 한 호텔에서도 패스포트가
필요하다고? 레알? 뭐야. 내 차림이 의심스러운가?
쫓기는 사람 티가 났나?'
도둑이 제 발 저린다고 패스포트 한 마디에 팬시리
찔렸다. 허겁지겁 쥐새끼님에게 쫓겨 나오지 않았던가.
그 바람에 패스포트 따위 챙길 정신이 없었다. T_T

'아~ 패스포트 하나 때문에 쥐님 소굴로 다시
들어가야 한단 말인가….'

"Sorry, I don't have passport. Forgot. please help me.
I can't bring my passport now, please!"

미안하지만 패스포트가 없다, 잊었다, 도와달라,
지금은 가져올 수 없다, 플리즈~ 플리즈~ 헬프 미~
헬프 미~. 이 말만 연신 비굴하게 외쳐댔다. 죽어도
다시 돌아갈 자신이 없었다.
'에이 모르겠다. 일단 무조건 들이대고 보자.'

"Nope, you need to bring. I can't help you. Sorry."

하지만 그녀는 싸늘하게 거절했다. 너무도
야속해하며 호텔을 나와 터벅터벅 걷는데, 순간
휴대폰 사진 폴더에 있는 내 여권 캡처 사진이
생각났다. 발길을 돌려 신나게 호텔로 다시 들어갔다.
나는 휴대폰에 있는 사진을 그녀에게 보여줬다.

"I have! I have!"

호텔 이메일 주소를 가르쳐주면 지금 바로 여권
사진을 보내겠다고 그녀에게 애원했다. 그녀는
애원하는 내가 안쓰러워 보였는지 고개를
갸웃하면서 원래는 안 되는 거라며 마지못해
허락하는 듯 말했다.
'휴~.'

어렵게 호텔 방에 들어서니 갑자기 힘이 쫙 빠졌다. 침대에 털썩 앉아 안도의 한숨을 내쉬니 눈물이 '핑' 돌았다.
따뜻한 물로 샤워를 한 후 이불 속으로 들어간 나는 그 속에서 마저 울었다. 그깟 그 쥐 한 마리 때문에 집을 뛰쳐나온 꼴이라니. 첫 타지 생활을 제대로 시작해보기도 전에 고작 이런 일로 무섭다고 도망쳐버리면 앞으로 더 큰 일은 어떻게 버틸 수 있을지 정말 걱정이 됐다.
'역시 쉬운 일이 없구나. 역시 세상일은 내 생각대로 되지 않아. 모든 게 내 생각대로 된다면 왜 하나님을 찾겠어.'
집 떠난 지 고작 한 달이 지났다. 집이 너무 그리웠다. 한국으로 돌아가고 싶었다.
'내가 지금 뭐하고 있는 거지? 왜 타지에서 이렇게 외롭고 쓸쓸히 고생하고 있는 거야? 어릴 때부터 이제껏 힘들고 슬픈 경험은 할 만큼 했는데, 왜 또 고생을 자처하는 거냐고.'
그동안 겪었던 작은 일 큰 일이 하나하나 주마등처럼 머릿속을 스쳐갔다.
'내가 왜 이곳에 있지? 무엇 때문에 온 거지? 그토록 바라던 타지에서의 독립적인 삶? 외국의 예쁜 집에서 멋지게 브랙퍼스트를 먹는 영화 속 여주인공 코스프레라도 하고 싶었던 걸까? 지금도 늦지 않았잖아. 내일이라도 한국으로 돌아갈까? 가족의 품으로 돌아가버릴까?'
좁다고 투덜투덜, 오래됐다고 구시렁구시렁. 불만만 가득했던 내 집과 자동차, 모두 그립고 아쉬웠다.
'그래도 그 집이 좋은 집이었구나. 오래된 차라도

굴러가니 다행이었구나.'

때마침 한국에서 영상통화가 걸려 왔다. 엄마다. 매일 내 걱정 하시는 엄마를 위해 예전에 쓰던 내 스마트폰으로 영상통화와 채팅을 할 수 있도록 어플을 깔아드리고 왔는데, 시간만 나면 너~무 전화를 하신다.
아주 정확하게 슬픈 타임에 나를 울려주시는 전화벨. 눈물 닦고, 안경 쓰고, 마음 추스르고 나서 연결 버튼을 눌렀다. 엄마에게는 절대로 우는 모습을 보이지 않을 거다. 나보다 더 아파할 엄마…. 그리고 틀림없이 당장 들어오라고 난리를 치실 것이다. 자신 있게 도전했는데 눈물 따위 보여주는 건 내 자존심이 허락지 않는다.

"딸 어디야? 밥은 먹었어? 수업은 재밌어?"

쏟아지는 엄마의 질문에 대답을 하려 할 때마다 자꾸만 눈물이 왈칵 쏟아지려 했다. 눈물 참느라 얼마나 힘들었는지 모른다.

"응. 먹었지. 수업도 재밌고 좋아. 잘 안 들린다, 엄마. 내가 나중에 다시 전화할게."

오히려 더 씩씩하게 웃기도 하고 바쁜 척도 하며 허둥지둥하다가 무사히 전화를 끊었다. 그때 심정을 생각하니 또 왈칵왈칵하는구나.

무릎 꿇고 침대에 엎드려 기도하기 시작했다. 슬픔과 두려움을 물리쳐야 했다.
'하나님, 저 반성할게요. 남은 시간 작은 것에도 감사하면서 기쁘게 살게요. 불평하지 않고 살게요. 그러니 지금 두렵고 슬픈 마음, 내일 아침 눈을 뜨면 모두 잊게 해주세요. 이겨낼 수 있는 힘을 주세요, 하나님…'

울음 참고 통화하기.
ㅜㅜㅜ 인증 샷 캡처한 나도 웃김.

지금은

니들을 상대할
때가 아니다

얼마나 잤을까. 알람이 울리기 전에 눈이 떠졌다.
수업 시간에 맞춰 가기 위해 준비했다. 울다가
잠이 들어서 눈은 퉁퉁 부어 있었다. 정신없이 대충
추스르고 센트럴 지하철역으로 향했다.

학원은 완차이 역과 애드미럴티Admiaralty 역의 정말
딱 중간에 있었다. 그래서 완차이 역에서 하차해도
되고 애드미럴티 역에서 내려도 상관이 없었다. 나는
한 정거장이라도 빨리 내리는 게 낫다고 생각해
완차이 역에 내려서 걸어갔다. 완차이 역 주변은
여성 유흥업소 등의 거리로도 유명하므로 밤이면
외국인들 그리고 취객들로 많이 붐빈다.
학원은 완차이 '제피 로드Jeffee Road'에 위치해
있었다. 학원을 등록한 지 얼마 되지 않은 데다가
쥐새끼님께서 주신 간밤의 충격 때문에 머릿속이
엉킨 채 걷고 있었다. 걸으면서 생각했다.
'이래서는 안 되겠다. 이렇게 약해빠져서야 타지에서
얼마나 버티겠어? 이런 채로 살다가 한국에 돌아가서
가족들 얼굴이나 제대로 볼 수 있겠냐?'
어느새 나는 주먹을 불끈 쥐고 씩씩하게 걷고 있었다.

그런데 갑자기 나타난 벽. 한 흑인이 캔 맥주 하나를
들고 마시다가 내가 가는 길을 막아섰다. 아침 9시.
밤새 술 퍼마시고 아침까지 술이 깨지 않은 듯
보였다. 그러나 나는 그때까지도 약간 멍해 있는
상태라 상황 판단을 못하고 가던 길을 계속 갔다.
그러자 그 흑인이 나를 또 한 번 붙잡고 막아섰다.
간밤의 분이 아직 다 안 풀렸는데 이놈이 자꾸
건드렸다. 그 흑인이 무섭기보다는 너무 짜증이 나서

그의 팔을 뿌리치고 나도 모르게 표정 없이 화를 냈다. 그것도 한국말로.

"에이씨! 짜증나니까 비켜!"

보통 여자들 같으면 놀라거나 무서워서 도망가거나 뭐라고 반응을 했을 텐데, 난 무시하듯 내 갈 길을 가니 그 흑인은 어이없다는 표정을 지었다. 같이 있던 흑인 친구와 뭐라 뭐라 하면서 고개를 갸웃하더니 '저 미친 여자 뭐야?'라는 듯한 표정을 지었다. '나한테 뭐라 하건 무얼 하건 간에, 나는 지금 니들이랑 상대할 때가 아니다. 지금 한국에 돌아가네 마네 하는 판에.'

그들과 약간의 실랑이 아닌 실랑이를 한 이유로 수업에 5분쯤 지각했다. 그런데 의자에 앉고 나서야 아까 만난 흑인 생각에 심장이 쿵쾅거렸다. 아까는 겁이 안 났는데 이제 정신을 차리고 보니 무서운 상황이었음을 깨달은 것이다. 손도 떨려왔다. 그러고 보면 산에서 곰을 만났다 치고 침착하고 차분히 상황에 대처하다 보면 그 어떤 일도 무사히 넘길 수 있을 것 같다. 어쩌면 다행이었다. 내가 멘붕 상태였던 것이.

랭귀지 학원에서 나는…

나는 사오정이다

이곳은 '벌리츠Berlitz'라는 랭귀지 학원이다. 한국
벌리츠는 여의도, 테헤란로, 시청 역 근처에
있는 걸로 알고 있다. 벌리츠는 홍콩에서 그다지
유명하지는 않지만, 시내 가까운 곳을 물어물어
찾다가 간 곳이다. 그리고 이왕이면 한국인이 없으면
더 좋았다.

지난 밤 쥐새끼님에게 놀라 허둥지둥 나오다 보니
교재 없이 수업을 들어가게 됐다.
'아… 민망하다.'
외국 나오면 각 개인이 비공인 국가 대표라고 하는데,
내 수업 태도 때문에 한국인을 나쁘게 평가하면
어쩌나 걱정이 되었다.
'No…, only me.'
속으로 외쳐본다. 나 하나쯤은 욕을 먹어도 되지만,
나로 인해 누군가에게 피해가 가는 건 싫다.
나는 티처~에게 되지도 않는 영어로 자초지종을
얘기하고 핑계도 대며 샬라샬라했다.
'쥐가 나와서 도망 나오느라 책을 못 챙겨 왔어요.'
내가 하고 싶은 말은 이거였다. 그러나 현실은
띄엄띄엄 단어로…. 그런데 나의 티처는 다
알아들으셨다. 웃음이 나왔다. 게다가 위로까지
해주셨다.

'땡큐 베리 머치.'

수업은 그다지 어렵지 않았다. 모든 게 다 영어이긴 했지만 보다 보면 거의 읽을 수 있었다. 단지 문장을 완성하는 게 어려웠다. 문법과 어순, 그리고 어휘가 부족했다.
안 그래도 한국에서 한국말을 하고 살아도 말귀를 잘 못 알아들어서 사오정 소리를 듣는데, 이곳에서도 나의 난청은 여전했다. 선생님이 엘진(홍콩의 길 엘진 스트리트 Elgin street. 내가 사는 동네의 길 이름이기도 하다)에 대해 뭐라 말했는데, 나는 이러고 신나게 떠들어댔다.

"LG? I know LG, Korea Good!"

모르면 들리지나 않든지, 자꾸 다른 단어로 알아듣고 있었던 것이다.
나 하나 때문에 수업 시간의 화제가 엉뚱하게 바뀌기 일쑤였다. 다들 즐거워하면서 웃음으로 넘어가줬지만, 아마 속으로는 짜증이 났을 것이다.
'아 놔~~, 그러니 뒤에 스트리트를 붙여서 얘기해달라고요~.'

나는 벙어리다

학원에서 알게 된 디렉터 '이언 존'. 영국에서 온
그는 매우 친절한 사람이었는데, 최대한 나에게 수업
시간과 레벨을 맞춰주려고 했다.
벌리츠 랭귀지 학원의 수업은 프라이비트 레슨, 세미
프라이비트 레슨, 그룹 레슨 이렇게 세 클래스가 있다.
티처와 일대일로 하는 프라이비트 수업은 나를
중심으로 진행하므로 수업 진도가 빠르고 실력이
빨리 늘겠지만 수업료가 꽤 비싸다. 1unit에 330hkd.
1unit은 45분 수업을 말한다. 하루에 4units. 45분
수업, 쉬는 시간 15분이다.
하루에 4units, 일주일에 사흘, 한 달이면 48units.
48units×330hkd=15,840hkd(약 200만 원).
강남 역 영어 학원에 비하니, 이건 너무 비싸잖아~.
ㅠ.ㅠ 그러면 뭐가 다른 거냐!
수업은 뉴욕에서 온 데니스와 마이크 등 여러 명의
강사들이 무작위로 돌아가면서 했다. 강사마다
출신지에 따라 발음이 달라서 처음에는 강사가 바뀔
때마다 짜증이 났다. 적응할 만하면 다른 강사로
바뀌었기 때문이다. 그러나 반면, 내 리스닝 실력은
좋아지고 있다는 게 스스로도 느껴졌다. 처음에는
한 강사의 발음에만 익숙해 다른 사람들과 대화할 때
난감했는데, 차츰 억양이 다른 강사로 바뀌어도 수업
내용을 알아들을 수 있게 된 것이다. 그래서 그런지
자주 만나는 강사들과는 별 문제 없이 대화를 나눌 수

있었다.

자주 만나는 강사들은 내가 틀린 단어를 얘기해도 무엇을 말하려 하는지 알았다. 그렇게 나와 맞는 강사가 있는가 하면, 반대로 그다지 맞지 않는 강사도 있었다. 시간을 때우거나, 책에 있는 그대로 읽어주기만 하는 강사는 나와 맞지 않았다. 어느 강사는 대놓고 하품하고 꾸벅꾸벅 졸고 있기도 했다. 그래서 그날의 강사가 누가 들어오느냐에 따라 내 하루가 결정되었다. 나와 맞는 강사와 수업을 하고 나면 성취감으로 하루 종일 뿌듯했고, 그렇지 않은 강사와 수업을 하면 오늘은 돈만 버렸구나 하는 생각에 허탈했다.

지금까지 나는 세 군데 어학원을 다녔는데, 다녀본 결과 어학원들의 공통점을 발견할 수 있었다. 초반에는 괜찮은 강사(나름 잘 가르치므로 인기 강사라 할 수 있음)와 수업을 하게 한다. 그리고 중간쯤부터는 정말 누가 봐도 초보인 강사, 신입

뉴욕에서 온 데니스. 하드록 카페를 너무 좋아한 나머지 옷부터 액세서리까지 모두 하드록 카페 로고로 도배를 한다. 가장 오래된 강사이며, 연륜은 무시 못하는지라 내가 알아들을 때까지 천천히 잘 알려주었다.

원래 직업은 변호사였으나 아내의 이직으로 이곳 홍콩으로 온 마이크.

강사나 어린 강사가 수업을 한다. 이런 날은 짜증이 한가득이다. 강사가 시간 때우기에 급급하고, 질문 많은 나와 수업을 하니 귀찮은 기색이 역력하다. 수업 기간이 끝나기 하루 이틀 전에는 다시 인기 강사가 수업에 들어온다. 그런 날은 또 수강생들이 다들 수업에 만족하므로 한 달 더 등록을 하게 된다. (인기 강사는 인기 강사인 이유가 있더이다. 머릿속에 쏙쏙~.)
'아… 속았구나….'
언젠가는 누가 수업에 들어와도 만족할 수 있는 날이 오기를 바라본다.

하루에 4교시 수업을 듣고 나면 머릿속이 혼미해졌다. 학창 시절 7, 8교시를 어떻게 했나 모르겠다. 더구나 죄다 영어이니 더 머리가 아플 수밖에 없었다.
사실 나는 그룹 레슨이 더 좋다. 누군가 내 말에 집중하는 것이 부담스럽고, 여럿이서 함께 하면 친구 만들기에도 좋을 것 같아서이다. 그보다 더 중요한 이유는 수강료가 저렴해진다!
그룹 레슨은 3명 이상 모여야 할 수 있었다. 그룹 레슨을 받으려면 내가 반을 만들어야 했는데, 홍콩에는 아는 친구들도 없고 있다고 해도 이미 다들 영어를 잘했다. 게다가 그들은 결혼을 해서 바빴다. 또 수강생들이 있어도 같은 레벨인 사람을 찾기가 힘들었다. 레벨 테스트 결과 예상했던 대로 나는 초등학생 수준이었다.
'중학교 때 나 대체 뭐한 거야?'
그때 좀 열심히 했으면 지금 돈 들여서 배우지

않아도 될 텐데…. "공부에는 때가 있다", "나 위해서 공부하나 너 위해서 공부하지"…. 어른들의 말씀을 흘려들었던 게 후회가 되었다.
'공부 좀 할걸. 남들 하는 후회 나도 하고 있구나.' >.<

이안이 찾아준 내 클래스메이트는 일본 여성 '코'였다. 그녀는 폴란드인 남편과 결혼하여 이곳 홍콩으로 왔다고 한다. 부른 배가 눈에 띄는 그녀는 셋째를 임신 중이라고 했다.
'나보다 2살이나 어린데 할 일 다 했구나.'
이런 생각을 하니 내게 남은 시간이 더 없다는 생각이 들었다.
'어여어여 공부하고 돌아가서 시집갈 준비 해야겠다!'
공부에 대한 의지가 불타올랐다.

코와의 대화는 역시나 힘들었다.
'얘도 내가 답답했겠지? 그리 말 잘하고 장난 잘 치던 내가 이곳에서 벙어리로 살게 되다니.'
하는 말이라고는 오로지 아침에는 굿 모닝, 오후에는 굿 애프터눈….
'I'm sorry, Ko.' >.<

소호 호텔로

쫓겨 가다

수업을 마치고 드디어 집으로 돌아갈 시간.
'아… 어찌 들어가지…'
불안한 마음으로 집으로 가는데, 집 앞에 부동산 중개소 직원 윙키와 집주인 미스터 리가 긴장한 표정으로 서 있었다. 쥐새끼님 사건 당일 새벽에 내가 밤새도록 보낸 조금은 괴로울 듯한 문자 메시지 때문에, 내 수업이 끝나는 시간에 맞춰 나와서 나를 기다리고 있었다.
대낮인데도 나는 그 집에 들어갈 자신이 없었다. 미스터 리 아저씨를 앞장세워 문을 열게 하고, 찬장이며 싱크대, 옷장 등등 다 열어놓게 했다. 아직도 계실지 모를 쥐님들을 위해.
'하긴 설사 아직 있다 해도 대낮에 안녕하세요, 하고 나오겠냐.'

이사할 당시 바깥쪽으로 길게 늘어선 주방이 있었는데, 미스터 리 아저씨는 그쪽 싱크대 하수구 쪽에서 쥐들이 나온 것 같다며 공사를 해주겠다고 했다. 어차피 그쪽은 헐어서 테라스를 만들려고 했다는 것이다.
'그렇지. 하다 말고 내버려둔 공사 때문에 쥐들이 쉽게 들어올 수 있었겠지. 아니 그럼 공사를 끝내고 집을 내놓던가. 그 몇 달치 렌트비 벌라고 집 떠나온 이 서민을 이렇게 고생시키나.'
어쨌든 나는 옷과 짐을 간단하게 챙겼다. 짐을 싸는 동안 윙키와 미스터 리 아저씨를 계속 내 옆에 있게 했다. 쥐님이 다시 나올까 봐 무서워서 도저히 혼자서는 짐을 챙길 수 없었다.
공사는 2주 더 걸린다고 했다. 그래도 미스터 리

아저씨는 내 사정을 이해해줘서 다음 달 월세는
호텔에서 숙박한 경비를 차감해 보내라고 하셨다.
'휴~ 다행이다. 생돈 날아갈 뻔했네.'

나는 집 앞 바로 맞은편, 현관에서 나와 바로 보이는
정말 바로 맞은편의 작은 모텔 '소호 호텔Soho Hotel'에
머물기로 했다.
소호 호텔은 모텔보다 여인숙에 가까운 곳이었다.
중년의 부부가 운영했는데, 두 사람 모두 영어는
한 마디도 못했다.

'나도 영어가 잘 안 되는데 이거 더 힘들게 되는 거
아닌지 몰라. 아니면 같이 못하니까 차라리 더 나은
건가?'
주인아주머니는 나를 보자마자 한껏 미소를 지으며
계산기를 두드린 후 바로 들이밀어 보여줬다.
'600'이라는 숫자가 눈에 들어왔다. 하룻밤에
600hkd(약 83,000원)인가 보다. 그런데 또 현금만
받는단다.
카드 쓰는 게 버릇이 되서 현금을 잘 가지고 다니지
않다 보니 홍콩에서는 여간 불편한 것이 아니었다.
게다가 내 신용카드는 은행 카드가 아니라서 현금
인출도 안 되는데…. 가만 생각해보니 현금이 있긴
있었다. 그! 그! 쥐님이 있던 그 집 안 캐리어 안에 든
현금! 보증금 내고 남은 돈을 잃어버릴까 봐 캐리어
안에 잘 넣고 잠가두었다.
'근데 그 집에 또 혼자 갔다 와야 하는 거잖아. 아…
할 수 없다. 에라 모르겠다. 그래 봤자 쥐잖아. 내가
이겨!'
그 집에 다시 가서 후다닥 문 열고, 가방을 통째로

들고 나와, 다시 후다닥 문 닫고, 후다닥 컴백! 진짜 3분도 걸리지 않았다.

소호 호텔의 방은 작았다. 방 안 침대도 165센티미터, 나 정도 키의 사람이 누우면 머리에서 발끝까지 딱 정확하게 맞아떨어질 정도였다. 거기서 발끝을 조금 옮기면 바로 통유리가 닿는데, 그곳이 화장실 겸 샤워실이었다. 그러니까 문 열고 바로 신발 벗어놓을 정도의 공간만 빼고는 침대인 것이다.
'아니 그럼 이보다 키 큰 남자들은 여기서 어떻게 잔다는 거지?'

"똑똑."

노크 소리가 들렸다. 문을 여니 작은어머니뻘 되는 주인아주머니께서 나에게 생수와 수건을 건네셨다. 미소를 지으시면서.
샤워가 끝났다.

"똑똑."

다시 노크 소리. 미소를 띤 주인아주머니는 이번에는 헤어드라이기를 주셨다.
건물이 워낙 작아 방들이 다닥다닥 붙어 있어서 그런지, 주인아주머니는 내 방 안에서 나는 모든 소리로 내가 무엇이 필요한지 알아차리는 것 같았다. 아니면 경력에서 나오는 노하우?
노크가 거슬리면서도 노크와 함께 내가 필요한 것들을 가져다주시니 슬슬 기대가 되기도 했다.

다음 날 아침에 일어나 샤워를 하고 옷을 입는데
어김없이 들렸다.

"똑똑."

앗! 아주머니다. 이 아침부터 또 뭘까? 내 집이
아니니 날 찾아온 손님도 아닌데 반갑고 기대되고
설렜다. 문을 빼꼼 열었다.

"꾹모닝."

조금은 강한 억양으로 달콤한 인사도 잊지 않으셨다.
그리고 달콤한 커피를 건네주셨다.
'Wow! 모닝 커피까지~.'
하지만 내 경험과 입수한 정보에 따르면, 홍콩
사람들은 불친절하다. ~.~

part 2

나의
홍콩 생활
적응기

랭귀지 학원에서
프런트데스크
여직원들과

다섯 달 만의
인사

처음 홍콩에 왔을 때 내가 다니던 학원의
프런트데스크 여직원들과 크게 싸울 뻔한 일이
있었다. 사람이 인사를 하면 같이 "하이~"라도
해주든가 하다못해 고개라도 까딱해주는 것이
기본 도리가 아니던가? 하지만 그 여직원들은
미소를 지어주지는 못할망정 동네 개 보듯이 빤히
훑어보고는 대꾸도 없이 자기 일만 했던 것이다.
처음에는 '나를 보지 못했나? 아니면 정말 바빴던
건가?' 하면서 좋은 쪽으로 이해하려 했으나 매일
아침마다 그러는데 정말 머리 끝까지 화가 나고
기분이 더러웠다.
'아니 무슨 이런 싸가지들이 다 있어. 내일부턴 나도
인사 안 할 테야! 진짜로!'
이렇게 다짐했지만 학원에 도착하면 나도 모르게
입버릇처럼 나와버렸다.

"Hi~."

자동이었다. >.<
'우쒸. 아 진짜 진 것 같은 이 기분 너무 싫으다.
아 이 마당쇠 근성.'
얼마나 많은 노력 끝에 "하이"라고 인사하게 됐는데.
나도 낯가린다고!
그러나 또 생각해보니 다정한 인사에 익숙하지
않은 사람일 수도 있었다. 반대로 그들을 이해하려
노력하다 보니 오히려 안타깝게 느껴졌다.
'그래! 나라도 해주자!'
긍정적인 마음과 나만의 배려심으로 그들을
대해주기로 했다. (혼자서 너무 멀리 갔나?)

한 달, 두 달, 석 달…. 나는 뭐 혼자 맨날 "하이 하이 굿모닝"을 외쳐댔다. 더 반갑게 웃으면서. 또 어떤 날은 "굿~모닝~~" 하고 악센트 강하게 넣어가며 인사해주었다. 리액션 따위 없어도 나 혼자만의 성취감을 느끼기로 했다. 그러니 더 이상 상처받지도 않고 기분 나쁠 것도 없었다.
다섯 달쯤 지났을 때였다.

"Hi~ Gooooood Morning~~."

어김없이 나는 또 혼자서 업된 기분으로 인사를 하고 수업 들을 방으로 들어가려 하고 있~는~데~~.

"Hi~ Morning~~."

'잠깐. 이게 무슨 소리야. 어디서 들린 거지? 내가 잘못 들었나?'

소리가 나는 쪽으로 고개를 돌렸다. 프런트데스크 여직원들이었다.
'옴마야! 이게 뭔 일이여. 이 당황스런 인사는 뭐지? 나 5개월 만에 인사받은 거임? 아… 나 울어도 됨? 아니 무슨 예고도 없이 들이대서 감동을 주고 그르냐~~.'

"Thank you so much!"

'아놔~ 나는 또 뭐니? 여기서 땡큐가 왜 나오니?'
너무 반갑고 흥분한 나머지 나도 모르게 고맙다는 말이 튀어나왔다. 뭐가 그리 고맙다고….
'그동안의 내 노고가 불쌍해 보였나? 아무도 받아주지도 않는데 혼자 기분 업돼서 인사하는 게 가엾어서 자기들끼리 짜고 오늘은 받아주자였다면… 그런 거라면 음… 그래도 난 땡큐!'

난 승리했다. 한국인의 인사성을 내가 증명해 보였다. 기쁘다. 그리고 내가 이긴 거라고 생각한다. 인사 하나에 너무 유치한 것 같지만 그래도 일단은 뭔가 합격한 기분이었다.

홍콩에서 혼자 영화 보기,

홍콩에서 혼자 밥 먹기

영화가 보고 싶었다. 아니, 홍콩에서 뭔가 체험하고 싶었다.
수업이 끝난 후 혼자 극장에 갔다. 학원에서 걸어서 10분, 애드미럴티 역에 있는 퍼시픽 플레이스Pacific Place 대형 쇼핑몰 안에 있는 영화관이었다.
홍콩 영화를 볼까 미국 영화를 볼까 고민하다가 선택한 것이 바로 〈레미제라블Les Miserables〉이었다. 물론 외국 영화에 자막은 광둥어廣東語, Cantonese Chinese라 당연히 알아들을 수 없었다. 그나마 뮤지컬 영화 같아서 대사보다는 노래가 많을 거라 예상해 선택한 것이었다.
나는 나름대로 문화생활을 즐길 줄 아는 지적인 여자이며, 그것도 타지에서 즐기고 있다는 생각을 하니 나 혼자만 알 수 있는 묘한 뿌듯함이 느껴졌다.
영화관에서 조금 거슬리는 게 하나 있었는데, 내 양쪽에 애정 행각을 벌이는 커플이 앉은 것이었다. 나도 저렇게 남자 어깨에 기대서 영화를 본 적이 있나 생각해보니… 없었다. 진짜 없었다. 영화만 봤다. 적어도 극장 안에서 볼 때는…. ^.^
'배우들의 연기력도 좋고, 노래 실력도 좋고, 화질도 좋고. 근데 내 리스닝 능력만 안 좋구나….'
〈레미제라블〉. 어릴 적 동화로 읽고 만화로 봤던 이야기. 아는 이야기가 아니었으면 이 영화는 나 혼자 외국 나가 극장에서 혼자 본 영화로만 남을 뻔했다. 아는 내용인 덕분에 스토리를 이해하면서 봤다.
'한국 가서 다시 봐야지. 내가 해석을 맞게 했는지 아닌지 확인하면서. 그리고 리스닝 실력이 좀 더 나아지면 극장 가서 한 번 더 봐야겠다. 그때는 나도 누군가의 어깨에 기대서….'

아무튼 장발장 이야기 잘 보고 나왔다.

이제 영화도 혼자 봤으니 밥도 혼자 먹어보자.
한국에서는 혼자 식당에 가서 밥 먹기가 쉬운 일이
아니었다. 얼굴이 알려진 연예인이라서 그런 것도
있지만, 연예인이기 전에 나는 혼자 밥 먹는 게
익숙하지 않은 한국 사람이다. 혼자 밥 먹는 게
뭐라고 그리 쑥스러운지….
이곳 홍콩에서는 혼자 밥 먹는 사람들을 흔히 볼 수
있다. 그런데 식당에 가면 혼자 들어간 사람들이
혼자가 아니라 여럿이 먹게 된다. 아니 그렇게
먹어야 한다. 그러지 않으면 끼니를 거르게 될 수도
있다. 왜냐하면 홍콩에서는 자리가 없을 경우 아무
빈자리에나 앉아야 하기 때문이다. 옆에 누가 앉아
있건, 커플 사이 또는 가족 사이이건, 빈자리에
앉으면 된다.
내가 한 식당에 들어섰을 때 식당 직원이 빈자리로
안내했다. 정확히 말해 빈자리가 아니라 빈 의자였다.
어떤 가족이 앉아 있는 테이블 옆에 의자 하나가
비어 있었는데, 그 자리로 나를 안내했다.
처음에는 어이가 없어서 그 직원을 빤히 바라봤다.
그러나 먼저 앉아 있던 가족들까지 왜 안 앉느냐는 듯
오히려 나를 빤히 쳐다봤다.
도저히 그 사이에 낄 자신이 없었다. 혼자 먹는 것도
뻘쭘하고 민망한데 어떻게 알지도 못하는, 그것도
처음 본 사람들과 같은 테이블에서 함께 먹을 수
있는지 이해할 수가 없었다. 나는 앉지도 못하고
서 있지도 못하며 안절부절못하다가 그 식당을
나와버렸다.

'아, 배는 고픈데 이거 원….'
결국 샌드위치를 사서 허기진 배를 달랬다.

샌드위치 하니 생각나는 게 있다. 한국을 떠나기
전에 계획한 것 중 하나가 '돈을 낭비하지 말자'였다.
비싼 거 사 먹지 말고, 꼭 필요한 것만 사고, 택시는
절대 타지 말자.
늦어서 아침을 먹지 못하고 수업에 들어가는 날에
항상 들르던 곳이 있다. '프렛 어 맨저Pret a manger'라는
샌드위치 가게였다. 프렛 어 맨저는 홍콩의 지하철역
안에서 쉽게 볼 수 있는 샌드위치 가게다.

이건 10달러짜리가
아니에요. 참고하세요.

그곳에는 출근 시간대에 파는 10달러짜리 빵이
있었다. 우리 돈으로 1,300원 정도 하는, 달랑 에그
마요네즈만 든 빵이다. 그 빵을 집어 들 때마다
그 옆에 있는 그것보다 더 맛있어 보이는 크랩과
치즈가 든 샌드위치가 '나 좀 집어달라고' 하면서
나를 쳐다보는 것 같았다.
크랩과 치즈 샌드위치는 36달러였다.
'아 비싸 비싸. 얘들아 미안. 다음에 홍콩 생활
적응하고 여유가 되면 다시 집을게. (혼잣말로
중얼중얼….)'

다음 날 나는 혼자 밥 먹기에 실패한 그 식당에 다시 가보았다. 혹시 오늘은 나 혼자 앉을 만한 테이블이 있지 않을까 하는 생각에서였다.
그 식당에 또 갔던 이유는 볼 때마다 사람들이 줄을 서 있어, 얼마나 맛있는 음식이 나오길래 대낮부터 저렇게 길게 줄을 서나 궁금했기 때문이다. 호기심 하면 나. 초등학교 과학 시간에 불에 달군 쇳덩어리를 보고 얼마나 뜨거울까 궁금한 나머지 오른손으로 힘껏 쥐었다. 결과는 화상을 입고 병원으로 직행.

'오늘은 사람이 많아도 용기를 내서 다른 사람들과 앉아 밥을 먹을 것이야!'
무슨 면접이라도 보듯 각오가 대단했다. 떨렸다.
'나는 참 별걸 다 용기를 내어야 하는구나….'

아… 또 먹구 싶다….

그 식당 이름은 '윙스Wings'. 그다지 깨끗해 보이지도, 크지도 않은 작은 식당이었다. 그 식당의 주메뉴는 부드러운 치킨 살을 숯불에 구워 하얀 밥 위에 얹어서 장아찌, 계란 프라이 등과 함께 덮밥 식으로 먹는 것이었다. 계란 프라이 대신 문어 튀김, 삼겹살, 가지 조림, 두부 등등 원하는 것을 고를 수도 있다. 나는 늘 계란 프라이를 선택했다. 흰 쌀밥 대신 누들을 선택할 수도 있다. 느끼한 기름이 가득해서 살이 찔 것 같은 기분인데 맛은 부드러워서 또 먹게 된다. 하하하. 세트로 먹을 수도 있는데, 가격은 동랭차(차가운 레몬티)나 커피까지 해서 4.1달러(약 5,400원)이다. 푸짐하고 정말 맛있다. 입맛 까다로운 우리 엄마도 좋아하셨다. 엄마뿐 아니라 지금까지 홍콩에 다녀간 나의 지인들은 모두 좋아했었다.

캬~ 드디어 해냈다. 모르는 사람들 틈에 껴서 쩝쩝 소리까지 내면서 맛있게 먹었다. 성공했다!

"야이yay~!" (외국식 '야호!'. 이곳에서 자주 쓰게 된 말이다. 지금도 '야호'보다 '야이'가 더 익숙하다.)

랭귀지 학원
레벨 3 콤비,

'보 & 오카다'

랭귀지 학원에 다닌 지 한 달 반쯤 지났을까.
레벨 2를 '무사히'인지 '겨우'인지 모르겠지만 어쨌든 잘 넘기고 레벨 3 수업을 시작했다.
학원 수업 시간은 매일 정해져 있지는 않았다.
어떤 날은 오전 9시 30분부터, 또 어떤 날은 오후 1시 30부터 수업을 들을 때도 있었다. 이유는 함께 수업하는 짝꿍 때문이었다.
지난 짝꿍이었던 '코'는 집안에 일이 생겨서 'Go back to Japan' 했다. 그다음 뉴 클래스 짝꿍을 만났는데, 역시 일본 사람이었다. 그녀 이름은 '오카다', 영어 이름은 마리라 부른다.
마리는 아이가 하나 있다. 그리고 둘째를 임신한 상태로, 지난 짝꿍과 몸 라인이 같았다.

수업 시간에 맞춰 가면 강의실 입구에 교실 번호가 쓰여 있다. 매일 교실이 바뀌기 때문에 확인을 하고 들어가야 한다.
레벨 3 수업 첫날 강의실 번호를 확인하는데 찾을 수가 없었다. 내 이름 'BO' 그리고 'MARIE'를 찾았지만 보이지 않았다. 결국 학원 디렉터가 명단을 꼼꼼히 보고 찾아냈다. 명단에 쓰인 이름은 'BOOKADA'.
'BOOKADA? 이게 뭐지? 아! BO & OKADA! 헐… 이름 사이를 좀 띄어주시지. >.<'

마리는 베이비시터가 없는 날에는 아이 때문에 오전에 수업을 못하거나, 아니면 오전만 가능했다. 나는 남편도 없고 아이도 없으니 남편도 있고 아이도 있는 마리를 자연히 배려하게 되었다. 뭐, 사실 그녀가 없으면 수업을 못하니 아쉽기도 했다. 그렇지 않으면 일대일 개인 레슨을 하면 되는데, 너무 비싸니 잠자코 배려하는 척하다가 파트너 수업Semi Private을 하는 거였다.

나와 마리는 레벨 테스트 후에 만들어진 그룹이긴 하지만 레벨은 같아도 각자 달랐다. 그래서 내가 아는 단어를 마리는 모르고, 마리가 아는 단어는 내가 모를 때가 종종 있었다. 모르는 단어는 같이 모르고 아는 어휘는 같이 알았다면 수업은 더 순조로웠을 것이고 실력도 더 빨리 늘었을 것이다.

오늘 수업의 주제는 초대Invite. '초대'라는 개념은 파티에 많이 쓰이므로 나와 마리는 주로 서로를 파티에 초대하는 대화를 연습하며 수업을 이어갔다. 우리는 집들이, 개업식, 베이비 샤워, 웨딩 파티 등등 파티 주제를 다양하게 만들어 대화했다. 수업하면서 알게 된 것이 나라마다 문화가 정말 많이 다르다는 것이었다. 나라가 다르고, 역사가 다르고, 언어도 다르고, 자라온 환경이 다르니 그럴 것이란 예상은 했지만 수업을 할수록 점점 더 확실히 느껴졌다.

'초대' 수업의 선생님은 영국에서 온 '안드리아'. 영국, 한국, 일본 이렇게 세 나라 사람이 모여서 대화를 하는데, 서로 다른 나라의 문화나 생활을 알아가는 게 재미있어서 수업인 것을 잊은 채로 함께 웃고 떠들었다. 궁금한 건 또 왜 이렇게 많은지 질문이 쏟아지기도 했다.
집들이나 개업식 선물로 꽃과 화분, 음식 등을 주로 하는데, 우리나라는 집들이 때 집이 잘 풀리라는 뜻에서 롤 화장지를 선물한다고 했더니 다들 너무 특이해하고 재미있어하고 신기해했다.

오카다, 잘 지내지?

악마는 홍콩에서 프라다를 판다

센트럴 시내에 있는 명품 중고 숍 골목을 둘러보았다.
'가방을 하나 살까…' 해서 가는 것이라면
좋았겠지만, 그날 목적은 '가방을 팔아볼까'였다.
명품 가방이 하나 있는데 나에게는 그다지 애장품이
아니었다. 예전에 생일 선물로 받았던 것인데,
내 스타일도 아닐뿐더러 사용하기에도 불편해서
근래에 자주 쓰지 않게 되었다. 묵혀두기 아까워
엄마에게 생색내면서 넘겼지만, 무겁고 어깨가
아파서 엄마도 못 쓰겠다고 하셨다.
'아니, 명품이면 뭐해? 모양에만 신경 쓰고 편리함은
고려하지 않는데.'
애초에 한국에서 떠나올 때 혹시 잃어버리거나
손상될지 몰라 내 물건 중 비교적 관심이 소홀했던
것을 골라 홍콩에 가져왔었다. 그랬는데도
무용지물이니 처박아둘 바에야 발품 팔아 비행기
삯이라도 벌어보자 해서 급하게 나선 것이었다.

가방을 들고 센트럴에서 꽤 유명한 '밀란
스테이션'이라는 중고 숍에 들어갔다. 들어가는데
간판 모양이 지하철역의 이정표처럼 되어 있어서
얼핏 보면 지하철역 출구 같았다.
'홍콩에 밀라노 역이 있을 리 없겠지만….'
숍 안에 들어가서 다른 중고 가방들을 둘러보는
척하다가 내 가방을 조심스럽게 들이밀어 가격을
물었다. 주인인지 매니저인지, 한 남자가 내
가방을 안쪽까지 샅샅이 그리고 자세히 살피더니
4,500hkd(약 67만 원)를 쳐주겠다고 했다.
'뭐야! 겨우? 아놔. 70만 원도 안 되잖아! T_T'
거의 사용하지 않아서 상태도 양호한 데다가

가방 살 때 받았던 더스트백도 그대로인데 고작
그것밖에 안 쳐준다니.
가격에 놀라서 일단 다시 생각해보고 오겠다고 하고
가게에서 나왔다. 막상 팔려고 하니 아깝다는 생각
때문인지 싸게 파는 게 억울해서 그랬는지, 그럴 거면
차라리 그냥 가지고 있는 편이 낫겠다 싶었다.
집에 가는 길에 다른 중고 숍을 발견하고 혹시나 하는
마음에 들어가보았다.

"What?"

주인이 말한 가격은 2,800hkd.
'What the fuck…. 아니 이 여자는 뭐냐. 먼저 갔던
가게에서 전화를 받은 건가. 아니 무슨 이 가방을
2,800hkd 주고 날름 먹겠다는 거냐. 나 참 어이가
없네. 에잇… 안 팔란다.'
혼자 흥분해서 씩씩대고 다시 집으로 향하는데
아무리 생각해도 무용지물은 무용지물이었다.
쓰지도 않을 거 붙잡고 있으면 뭐하나 결론을 내리고
다시 '밀라노 역'으로 향했다.

'가서 그냥 그 가격에 해주세요, 하자니 쬐~끔
자존심 상하기는 하지만 뭐… 아쉬운 건 나이니.'

현금 4,500hkd를 손에 쥐고 돌아서는데, 많은
생각들이 내 머릿속을 스쳤다.
'이렇게 하나씩 팔다 보면 목돈이 생기겠다. 그러다가
나중에는 다 팔아서 아무것도 남지 않는 건 아닐까?
한국으로 영영 못 돌아가는 거 아냐?'
이런저런 쓸데없는 생각이 멈추지 않았다.
내가 이러는 데는 이유가 있다. 지금으로부터 8년
전 이보다 더 힘들었던 시절. 전 재산 30만 원으로
생계를 유지하고 있을 때, 가지고 있던 금붙이,
옷, 가방 전부를 인터넷으로 모조리 팔았던 적이
있다. 소속사 사장님께서 내 통장에 있는 돈을
빼서 달아나주시는 바람에 수입은 없고 세금 또한
내게 날아오니 순식간에 신용불량자가 되어 어느
은행에서는 거래가 끊기기도 했던 시절이었다.
그 일을 겪고 슬펐지만 나는 강해졌다. 그리고
불안했던 기억과 의지가 남았다.
'이렇게 되면 내 돈 들고 튀어주신 그분께 감사드려야
하는 건가….'

지름신을
이겨내고
무작정
아무 버스

내가 사는 집 소호의 언덕길 '미드레벨
에스컬레이터'에서 센트럴 역까지는 거리가 좀 된다.
걸어서 15분. 지하철 말고 버스나 트램, 전동열차
같은 다른 교통편이 있는지 알아도 보고 집 주변에
어떤 것들이 있는지 알아도 둘 겸 코트를 걸치고 집을
나섰다.
홍콩은 겨울에도 한국만큼 춥지 않다. 영하로 잘
내려가지 않는데도 이곳 사람들은 춥다고 한다.
그래서 영상 5도였는데 노숙자가 사망한 적이
있었다고 한다. 영하 10도 이하로 내려가는 일은 흔한
한국의 겨울에 비하면 정말 따뜻하지만, 내 마음이
허전하고 외로워서 그런지 체감 온도가 낮게
느껴졌다.

미드 레벨 에스컬레이터.

나의 집 앞 거리
엘진 스트리트.

케인 로드 길가에 있는 허름한
밥집. 홍콩에 온 지 얼마 안
되어 처음으로 혼자 들어가본
식당이다. 주인아주머니와
대화가 통하지 않는 나는
손가락으로 음식을 가리키며
음식을 주문했다.

소호는 말 그대로 핫한 동네라서 많은 레스토랑과
바들이 줄을 지어 서 있다. 집 밖으로만 나와도 바로
레드 와인과 다양한 음식들과 식당들을 쉽게 접할
수 있다. 또한 그만큼 밤이면 소음으로 시끄러운데,
혼자 지내 외로운 나는 집 밖의 북적임과 소음이
반가울 때가 있었다.
나의 집 골목 엘진 스트리트를 지나 한 계단 더 올라
가면 케인 로드 Cain Road이다. 작은 세탁소, 작은 빵집,
그리고 철물점 같은 소소한 가게들이 있다.
작은 빵집에서 가끔 5달러 주고 카스텔라를
사 먹었었는데, 가격은 5달러지만 한국의 비싼
제과점 것보다 더 맛이 있었다. 황홀한 맛에
부드럽기는 또 솜털 같았다. 지금 내 처지에 맛있지
않을 게 있겠냐만은.

집 아래 쪽으로는 옷 가게가 엄청 많았다. 참새가 방앗간을 어찌 지나가겠는가. 그러나 방앗간에 들어간 날 지름신이 찾아왔다가는 이곳 생활을 망치기 십상이었다.
홍콩에 여행을 목적으로 왔을 때는 놀러 왔으니까 쇼핑은 당연히 해야지 하며 쉽게 물건을 사곤 했는데, 막상 와서 살아보니 쇼핑할 팔자가 못 되었다.
쇼윈도에 놓인 악어가죽 가방은 시선을 멈추게 했다.
'아, 갖고 싶다.'
구두는 눈길을 끌었다.
'저 킬힐 내 건데. 아, 신고 싶다.'
다음에는 코트….
'나 아니면 어울리는 사람도 없을 텐데…. 내가 바로 신데렐라인데…. ㅠ.ㅠ'
가방과 구두와 코트에 홀린 날이면 뿌리치고 돌아서기가 힘들었다.
'이 구두 하나 값이면 한 달치 방값이다. 구두값으로 지금 집에서 한 달을 더 살 수 있다고. 참자! 이 코트만 안 사면 학원을 한 달 더 등록할 수 있어! 참아야 해!'
내 처지를 생각하고 마음을 다잡았다.
'5달러짜리, 10달러짜리 빵으로 끼니 때우는 주제에 어디서 지금 된장녀 짓을 하려고! 혜정아 정신 차리자.'
은장도로 허벅지를 찌르듯 자꾸만 주문을 걸며 나를 이겨내곤 했다. 장하다, 혜정아.

버스 정류장에서 버스 노선도를 살펴보았다.
'몇 번 버스를 타야 하나…. 돌아올 때는 같은 버스를
반대편에서 타면 되겠지?'
그러고는 무작정 아무 버스나 올라탔다. 목적지 없이
버스를 타고, 달리는 버스 안에서 창문 밖의 풍경을
바라보는 게 참 오랜만이었다.

버스
안에서.

지하철
안에서.

고 3 때였다. 대학입시 때문에 스트레스를 받는다며
공부도 잘하지 않았던 내가, 지금도 모르는 삶에 대한
생각을 한답시고 집에 가는 버스가 아니라 엉뚱한
버스에 올라탄 후 종점까지 갔던 일이 떠오른다.
그때 버스에는 다양한 사람들이 있었다. 가족, 연인,
회사원, 할머니 할아버지 등등. 그들의 얼굴에는
진짜 미소가 어려 있기도 했고, 무표정이기도 했다.
그들이 어떻게 살아가고 무슨 생각을 하는지 알 수는
없지만 막연히 느낄 수는 있었다.
달리는 버스 안에서 나는 화장실에서만큼이나
생각을 많이 하고 아이디어를 떠올리기도 한다. 뭔가
결심을 할 때도 있다. 나에게 버스는 그런 곳이다.
나는 또 한 번 달리는 버스의 힘을 빌려 계획을 하고
그 계획을 포기하지 않기 위해 노력을 다짐하고
도전할 용기를 내어보았다.

타지에서

혼자 아프니

서러워

타지 생활에 하루하루 잘 적응해가고 있었고,
타지에서의 두려움도 조금씩 줄어들고 있었다.
하지만 걱정했던 일이 일어났다. 건강에 적신호가
켜진 것이다.

처음에 말한 대로 내가 홍콩을 선택한 이유는 한국과
가까워서였다. 그래서 한국에서 하던 일을 계속 할 수
있을 것 같았다.
일주일에 한 번, 촬영이 있는 날은 한국으로
가야 했다. 매주 금요일마다 녹화가 있었으므로
목요일이면 새벽 12시 30분 한국행 비행기를 탔고,
한국 시간 금요일 새벽 5시쯤 도착하곤 했다.
촬영이 오후부터 있는 날은 집에서 쉬다가 일하러
갔으나 아침부터 촬영이 있는 날은 매니저와
공항에서 만나자마자 미용실로 직행이었다.
잠이라고는 비행기 안에서 자는 게 전부였다.
촬영 전날 낮 비행기를 타고 가도 상관없었겠지만
홍콩에서의 학원 수업은 빠지고 싶지 않았다. 하루도
아까웠다. 그래서 차라리 잠을 줄이기로 한 것이다.
처음에는 비행기 안에서 내가 좋아하는 영화를
마음껏 볼 수 있다는 생각에 힘든지도 몰랐다. 어느덧
이렇게 생활한 지 두 달이 지날 때쯤 내 몸은 정신과
달리 한계를 느끼고 있었다.
매주 한국과 홍콩을 오간다는 것은 말처럼 쉬운 일이
아니었다. 금요일 녹화를 마친 후 토요일 아침
첫 비행기로 홍콩에 들어가곤 했고, 금요일 녹화가
일찍 끝나면 그날 밤 비행기로 들어갈 때도 있었다.
젊다고 몸을 너무 혹사시킨 것이다. 지금 생각하니
참으로 무식하기 짝이 없었다.

그렇게 홍콩에 들어가기 위해 인천 공항으로 가려던
어느 날, 먹은 것이 체했는지 어쨌는지 아침부터
머리가 깨질 듯이 아파왔다. 몸이 힘들어서 홍콩에
갈까 말까 했는데, 비행기 표 값이 눈앞에서
아른아른했다. 몸도 몸이지만 비행기 표 값이
아까워서라도 가야 했다.

공항에 도착하자마자 화장실로 달려가 먹은 것을
모두 토했다. 약을 사서 먹자마자 또다시 토했다.
비행기를 타고 자리에 앉고 나서 정신이 좀 드나
했지만 앉아 있기조차 힘들었다. 이럴 땐 병원보다
비즈니스석이 더 간절하다.

힘들어하는 나를 본 승무원분들이 비상약을
챙겨주셨다. 그런데 약을 먹자마자 다시 다
토해버렸다. 너무 괴로웠다. 앞으로도 3시간은
버텨야 했다. 창가 쪽에 앉은 옆 사람에게 양해를
구한 후 창가 쪽으로 자리를 옮겨 창에 기대어 잠을
청했다.

비행기 안에서는 어떻게 버텼는지 간신히 홍콩
공항에 도착했지만 바로 공항 화장실로 직행해
또다시 구토를 했다. 겨우겨우 짐을 끌고 공항
고속열차 AEL Air Express Line을 타고 홍콩 스테이션에
도착해 가까스로 집으로 들어갔다. 지금 생각해보니
나는 죽을힘을 다해 기어갔었다. 옷도 못 갈아입고
그대로 거실에 쓰러졌었다.

눈을 떠보니 짐이 아무렇게나 팽개쳐져 있고 나 혼자
덩그러니 남겨져 있었다. 물도 없었다. 먹은 것도
없는데 다 토했으니 남은 힘이 있을 리 없었다.

겨우 몸을 일으켜 슬리퍼를 신고 물을 사러 마트에
갔다. 약국에 들러 약도 사고, 그 정신에 흰쌀에 물을

부어 죽을 쒔다. 남이 아닌 나를 위해 흰죽을 쑤는
것은 처음이었다. 잠옷바지 차림으로 아무 생각 없이,
눈의 초점도 흐려진 채 주걱으로 내가 먹을 양식을
저으면서 흰쌀이 죽이 되어가는 걸 힘없이 보고
있었다.
'뚝뚝 떨어지는 것이 눈물인가 소금물인가….'
힘을 내서 숟가락을 들고 엄마가 싸주신 김치와 함께
죽을 먹었다.
아프면 서러운데, 아는 사람 하나 없는 타지에서
혼자 아프니 얼마나 서러웠겠나. 엄마가 그리워졌다.
하지만 약해지는 건 죽기보다 싫었다.
배가 부르니 정신이 좀 들었고, 그제야 사 온 약을
꺼내 먹으니 조금씩 힘이 나는 듯했다. 이래서 사람은
밥심으로 산다고 하나 보다.

몸을 못 챙긴 탓도 있지만 정신적 부담감과 스트레스
때문에 호되게 아팠던 것 같다. 그 전에 딱히
아픈 데도 없었는데 말이다. 그 즈음부터 괴로운
알레르기도 시작됐다.
나는 주문을 걸었다.
'이대로는 안 되겠어. 힘을 내야겠어. 움직이자!
청소부터 시작!'

부러진 코뼈
수술로
시간을 낭비하고
싶지 않다

일주일에 한 번 〈무한걸스〉 촬영 때문에 한국과 홍콩을 서울-부산 다니듯 왕래하는 스케줄에 익숙해질 때쯤, 촬영 도중 사고가 났다. 인원이 많은 관계로 단체 버스로 이동할 때가 종종 있었는데, 그날도 단체 버스로 이동해 촬영 중간에 버스 안에서 쉬고 있었다. 버스 안에 앉아서 졸다가 허리가 불편해서 좌석 중간의 팔 받침대를 올리고 의자에 가로로 누워서 잠이 들었다. 그런데.

"악!!!!!!!"

내 비명에 내가 잠에서 깼다. 올려놓았던 팔 받침대가 툭 하고 내 얼굴 위로 떨어진 것이다. 그것도 하필이면 코 위로 세게 떨어졌다. 순간 오른손 엄지와 검지로 코를 잡고 좌우로 움직여 내 코가 무사한지 확인해보았다. 뼈 소리가 느껴지는 것 같았지만 일단 무사한 것 같아서 그것으로 안도하고는 눈물이 흐른 채로 다시 잠이 들어버렸다. 얼마나 피곤했던지 아픈 것보다는 잠이 더 절실했다.
촬영을 다시 시작한다는 작가의 목소리에 〈무한걸스〉 멤버들은 자다 말고 서둘러 버스에서 내려 촬영장으로 이동했다. 그런데 멤버들이 내 얼굴을 보더니 일제히 놀라는 것이었다.

"야 너 코!?"

이런 젠장. 거울을 보니 코가 파랗게 부풀어오른 것이 아닌가. 얼마나 세게 다쳤는지 많이 부어올라 있었다. 한 시간 남짓 남은 촬영을 서둘러 끝내고, 나는 매니저와 함께 근처 병원 응급실로 향했다.

처음에는 인턴으로 보이는 어떤 의사가 들어와 내 코를 만져보고 움직여보기도 하더니 이렇게 말하고는 나갔다.

"엇? 수술 안 하셨네요?"

'그르치. 나 자연산이라규~~. 에헴.'
또 다른 의사가 들어왔다. 내 코를 손으로 눌러보고 움직여보더니 또 나갔다.

"아아, 아파요. ㅠ.ㅠ"

또 다른 여의사가 들어오더니 같은 방법으로 내 코 상태를 확인했다.

"저기요. 앞으로 몇 분이나 더 들어오세요? 아파요. ㅠ.ㅠ"
"몇 분 더 들어오실 거예요. 성형외과, 정형외과 등등 분야가 달라서요."

무지하게 아팠지만 담당 의사까지도 상태를 확인해야 하므로 이쯤의 고통은 감수해야 했다.

"부러졌네요."

내 코 엑스레이 사진을 보면서 의사는 조금도 놀라는 기색 없이 담담하게 알려주었다. 화들짝 놀라면서

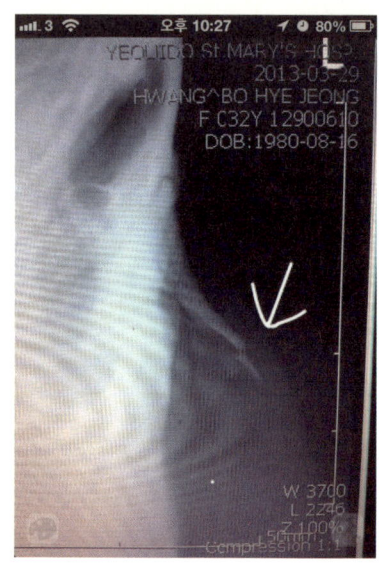

멍이 들었다.
대기하면서 인증 샷.

부러졌다고 말할 거라고 기대했던 건지, 그분이 영혼 없는 사람처럼 보였다. 반응이 너무 그래서 처음에는 내가 잘못 들은 줄 알았다.
'하긴 나처럼 코뼈 부러져서 오는 환자가 하루에도 얼마나 많겠어. 피 안 흘리면서 온 게 다행이야.'
그러나 나는 이 와중에도 홍콩행 비행기 표 예매 취소, 수수료, 수업 결석, 줄줄이 낭비되는 나의 홍콩 생활비… 이런 걸 생각하고 있었다.

"부러진 코뼈는 맞추거나 그냥 두거나예요."

시간 낭비, 돈 낭비를 줄이고 싶었던 터에 의사의 말이 솔깃했다.

"그럼 굳이 안 맞춰도 된다는 건가요?"
"예. 뼈를 맞추게 되면 붙은 코뼈 주위에 근육들이 더 붙게 되서 코가 더 두꺼워지기 때문에 코 모양이 바뀔 수 있어요. 매부리코처럼요. 그렇게 되면 나중에 그 부분 뼈를 깎아서 부드럽게 만들어주면 돼요. 그냥 내버려둘 수도 있는데, 지금으로서는 비틀어지거나 숨을 못 쉴 정도로 문제가 되지는 않기 때문에 그래도 큰 무리는 없어요. 하지만 시간이 지나서 부러진 뼈 사이가 푹 꺼져 코가 들어가 보일 수 있어요, 그럼 나중에 필러나 시술로 빈틈을 채우기도 해요. 시술은 둘째 치고, 뼈를 맞추느냐 안 맞추느냐는 본인의 선택 사항입니다."

'아 뭐가 이리 복잡하냐. 아무튼 둘 다 시술이든 수술이든 간에 성형을 하긴 해야 하는 거네. 지금까지 수술 안 하고 버텼는데 이제 와서 코 수술이라….' 차라리 티 나게 확 부러지든가. 그럼 고민 없이 예쁘게 고치겠다는 결정이라도 내리지, 이건 뭐 바로 보이는 얼굴이라 선택하기가 더 어려웠다. 뼈를 맞추느냐 안 맞추느냐 그것이 문제로다…. 그런데 나는 뼈를 맞추게 되면 코에 지렛대를 고정하고 5일 정도 입원을 해야 한다는 것이 수술보다 더 싫었다. 시간을 낭비하고 싶지 않아서였다.

"저 뼈 안 맞출래요. 숨 쉬는 데는 지장 없댔죠? 부러진 코뼈 사이가 꺼질 확률 대 안 꺼질 확률은 50 대 50일 거고요. 저 안 할래요. 혹시 코가 이상하게 되더라도 그때 가서 다시 생각해볼게요."

나의 결정에 매니저는 의아해하는 표정이었다.
나 또한 내가 뱉어놓고 '왜 그랬지? 맞게 가는 건가?'
하면서 갸웃거렸다.
에라 모르겠다. 뼈를 붙이면 두꺼워지는 건
확실하니 분명 수술로 깎아내야 할 것이고, 붙이지
않으면 나중에 파인 부분에 필러를 채우면 된다.
안 꺼질 확률 50퍼센트와 34년 자연미인(그냥
자연인인가?)의 페이스에 운명을 맡겨본다.
'또 누가 알아? 코가 자연스럽게 앉아서 더 예뻐질지?
흠….'

코에 멍이 있는 채로 다니니 본 사람들마다
성형수술을 의심했다. 게다가 숍에서 메이크업을
받을 때마다 다친 데를 건드리게 되면 아파서 고통을
표현하니 더 그렇게 생각하는 것 같았다.
어쩌다 부러졌는지 일일이 자초지종을 설명하다
보니 나중에는 귀찮아져서 '뭐, 그리 생각하든지
말든지' 하고 내버려두게 되었다.

막상 홍콩으로 돌아오고 나니 내가 선택을 잘한 건지
아닌지 불안해졌다. 다시 한국에 가려면 일주일을
기다려야 했고 뼈는 이미 굳어버린 상태였다.
'에이 모르겠다. 주님께 맡겨보자. 주님, 부디
자연스러운 경사와 부드러움으로 동서양의 미가
적당히 섞인, 눈과 입을 받쳐줄 수 있는 더! 더!
아름다운 코로 거듭나게 해주세요. 아멘.'

JJ로부터의

이별 통보

JJ. 17살 때 그를 알게 되었고, 그는 내 첫사랑이
되었다. 정확히 100일 만에 그에게 차인 후 그를
너무도 좋아해 잊지 못한 나머지 수업 시간에도 엉엉
울기만 했었다.

"얘들아, 황보 왜 우니? 쟤 왜 저러고 있니?"

평소 왈가닥에 덤벙대고 장난이나 치고 말썽이나
피는 내가 교과서가 흠뻑 젖도록 울고 있으니,
선생님은 당황해하시고 친구들은 영문을 몰라
이러지도 못하고 저러지도 못한 채 고개만
갸우뚱하며 안타까워했었다. 수업이 끝나고 혼내지
않고 아무 말 없이 교실 문을 닫고 나가시던 그 여자
선생님이 생각난다.
'어쩌면 그 선생님은 내 맘을 읽으셨던 걸까…'

이별 통보. JJ와 나는 헤어지기로 했다. 그의 아버지가
말기 암으로, 그가 병원에서 아버지를 간호하는 동안
여자 친구인 나는 그에게 힘이 되어주질 못했다.
게다가 나는 내 욕심을 채우려고 JJ와 내 계획을
의논하지 않고 통보만 하고서 홍콩으로 떠나왔다.
나는 그에게 그렇게 나쁜 여자였다.
하지만 그는 기다려주기로 하고 잘 하고 오라고
응원까지 해주었는데 변한 것 같아 원망스러웠다.
'난 이곳에서 열심히 살아보려고, 계획한 것들을
이뤄보려고, 포기하지 않으려고 노력하고 버티고
있는데, 왜 하필 지금 이 시점에서 나를 더 힘들게
하는 거야. 헤어지는 건 꼭 지금이 아니어도 되잖아.
응? 내가 말했잖아. 조금만 기다려달라고, 너무 보고

싶다고, 너 아니면 안 될 것 같다고…'
JJ는 내가 힘들 때마다 자기한테 기대라고 어깨를 내어주고 내 옆에서 늘 힘이 되어주었다. 정작 JJ가 힘들 때 나는 함께 있지 못했다. 나는 그에게 이렇게 못된 여자였다.
'그래… 그도 힘들었겠지. 지쳤을 거야. 왜 그걸 지금 알았을까? 내가 너무 이기적이었구나.'
나는 단지 지금이 아니면 기회가 없을 거라고 생각했다. 친구들이 모두 결혼을 하고 다들 자기 자신보다 남편을 위해, 아이들을 위해 사는 걸 보면서 나는 두렵고 겁이 났다. 나도 그렇게 될까 봐, 하고 싶은 거 해보지도 못하고 '나'를 포기하고 살게 될까 봐 걱정스러웠다.
자기의 꿈을 이루지 못해서 결혼 후에 미련을 버리지 못하고 힘들어하는 사람들을 많이 봤다. 그래서 '나'를 먼저 찾은 다음에 결혼을 해서 가정에 헌신하고 살아도 후회하지 않기 위해 홍콩으로 떠난 거다. 나는 다시 한국으로 들어가 JJ와 결혼해서 내 가정을 만들고 가정에 충실할 수 있을 거라고 생각했었다.
'늦바람 들지 않으려고 그런 건데…. 그것 또한 내 이기적인 생각이었구나. 나만의 착각이었구나.'
꿈을 찾으려다 더 소중한 꿈을 잃었다. 내 나름대로 더 나은 가정을 꾸리기 위한 소신 있는 준비라 생각했는데, 오히려 그게 나의 미래를 망치는 일이 되어버린 것 같다.
'언제나 내 옆에 있어서 평생 그럴 거라고 착각했나 봐. 그래서 내가 소홀했나 봐. JJ도 그래. 그럴 거면 내가 떠날 때 응원하는 게 아니라 꼭 붙잡았어야지.

가지 말라고, 결혼하자고 하면 됐던 건데…. 그 말 한마디면 난 충분했는데….'
남자는 그게 아니라고 한다. 여자가 가는 건 더 이상 자기를 사랑하지 않기 때문이라 생각한다고 한다.
그도 그랬던 걸까? 그래서 나를 쉽게 놓아줬던 걸까?

한국으로 돌아가면 JJ와 결혼해서 행복하게 살아갈 생각에 설레고 행복했는데…. 머릿속이 텅 비어버렸다. 지금 한국에서 살고 있는 집도 재계약을 남겨두었고, 그다음 집은 JJ와 나의 신혼집이기를 바라며 재계약을 하지 않았다. 그러나 결국…
지금 집을 재계약했다. 로맨틱한 드라마로 시작해서 시트콤으로 끝나냐….
'지금은 힘들고 원망스러워도 언젠가는 고마워하게 될 거야.'
너의 마지막 이 말… 무슨 뜻인지 모르겠어.
좀 가르쳐줘. 20년 후에 나는 다시 너와 함께일까?
아니면 더 멋진 사람을 만나 같이 있을까.
그래서 너에게 고마워하게 되는 걸까? 아니, 사실은 그게 아니었으면 해.

그에게 보낼 문자를
썼다 지웠다….
I'm sorry….

part 3

외국인으로 여행하기, 현지인으로 즐기기

지마니
마니조와

홍콩
황보 투어

수업을 마친 후 서둘러 홍콩 역으로 향했다. 공항 고속열차 AEL을 타고 한국에서 누가 오기로 했기 때문이다.
'올 때가 됐는데…'

"You guys made it!"

너희들 왔구나! '3780'이라는 닉네임을 가진 나의 베스트 프렌즈 '지마니와 마니조'였다.

이 둘을 처음 만난 것은 8년 전 내가 라디오 DJ를 하면서였다. 당시 이 두 사람은 내 프로그램의 작가님이셨다.
나는 낯을 많이 가려서 연예인으로 활동하면서 사회에서 만난 사람, 그것도 방송국에서 만난 스태프와 친해지기가 힘들었다. 그런 나에게 이 친구들은 특별한 인연이 아닐 수 없었다. 더군다나 피디, 작가, 특히 기자는 내가 너무 싫어하는 분야의 사람들인데 말이다. (개인적인 성향이니 오해는 말아주세요~.)
그 당시 나는 라디오 DJ가 처음인 새내기 DJ였고, 이 둘도 새내기 작가였다. 게다가 우리 셋 다 1980년생 원숭이띠 동갑이었다. 그런 공통점에 매일 만나 많은 시간을 보내고 때로는 가족보다 더 자주 부딪히니 서로에 대해 속속들이 알고 가까워질 수 있었다.
우리는 각자의 생일이 있는 달 3월, 7월, 나 8월, 태어난 해 80년의 숫자를 조합하여 '3780'이라는 셋의 모임 이름을 만들었다. 라디오 방송이 끝난 지금도 일, 가족, 고민 이야기를 나누며 우정을 이어가고 있다.
3780 모임은 매달 하는데, 1년에 한 번은 셋이 함께 여행을 다니기로 약속했다. 작년에는 괌 여행, 올해는 나를 위해 두 사람이 홍콩으로 날아왔다.

지마니 마니조가 얼마나 반가웠는지 모른다. 이곳에 온 지 4개월 만에 보고팠던 친구들이 방문해주시니 기쁘지 않을 수 없었다. 모처럼 친구들과 달릴(?) 생각을 하니 설레다 못해 짜릿하기까지 했다.

*지마니
1980년 3월생. 본명 이지민. 얼마 전 타 방송국의 PD와 결혼한 SBS 라디오 〈장예원의 오늘 같은 밤〉 전 메인 작가이며, 지극히 여성스러워 감성적인 글귀에 감동하고 눈물을 흘릴 줄 아는 나와 동갑내기 친구.
베프인 '마니조' 때문에 어쩔 수 없이 '지마니'라고 불리게 됨.

*마니조
1980년 7월생. 본명 조혜정. 현재 SBS 라디오 〈김영철의 Fun Fun today〉 메인 작가이며, 이상형이 유아인일 정도로 눈이 꽤 높은 편. 손재주가 좋아 옷에 그림을 그려 선물하기 좋아하고, 질문이 나만큼 많아 엉뚱한 전직 수구 선수 출신의 동갑내기 친구. 키가 작아 지인들로부터 좆마니로 놀림을 받다가 다른 사람들이 있을 때는 그리 부르기가 민망해 거꾸로 돌려 부르다 '마니조'가 되었음.

지마니 마니조를 위한 첫 끼, 타이 푸드 식당 로터스

캐리어를 먼저 집에 가져다 두고, 두 사람의 첫 끼를 위해 미리 생각해둔 식당으로 안내했다. 타이 푸드 식당 '로터스Lotus'.

로터스는 미드레벨 에스컬레이터를 타고 올라가다 보면 나오는 스탠턴 스트리트Stanton Street 왼쪽 모서리에 자리한 식당이다. 맞은편에 퓨어 휘트니스가 있다. 워낙 많은 사람들이 모이는 유명한 소호 거리에 있다 보니 쉽게 찾을 수 있다.

이 식당을 처음에는 태국 음식을 먹으려고 들른 것은 아니었다. 모히토가 주인공인 것처럼 보이는 문밖에 붙어 있는 시원한 포스터와 착한 가격이 내 눈을 사로잡아서였다.

이곳 홍콩의 식당에는 '해피 아워Happy Hour'라는 이벤트가 있다. 사람이 붐비지 않는 시간대, 즉 보통 오후 4시에서 8시 사이에 저렴한 가격의 메뉴가 제공된다. 가게마다 차이가 있지만 보통 원래 가격에서 50퍼센트를 할인해주거나 1+1 행사를 하기도 한다. 한국에도 이런 곳이 있기는 하지만 그다지 활성화되어 있지는 않은 것 같다. 한국에서는 고급 호텔이나 와인 바에서 접할 수 있다.

로터스는 보기에는 그다지 크지도, 깨끗해 보이지도 않지만 건물 1층 가장자리에 위치해 있고 벽이 문으로 확 트여 있어 햇볕이 잘 들어오므로 인테리어가 평범함에도 지나가는 사람들의 발걸음을

LOTUS
MODERN THAI

공부는 밖에서
하는 게 제맛!
레드 와인과 함께
at LOTUS.

멈추게 한다.
가끔 나는 테라스 의자에 앉아 한 번쯤 여유를 즐기고 싶어 창피함을 무릅쓰고 혼자서 들르기도 했다.
그다지 알코올을 즐기지도 않으면서 말이다.

지마니 마니조와 나. 우리는 누가 먼저랄 것도 없이 서로 밀린 이야기를 하기 바빴다. 아니 내가 가장 바빴던 것 같기도 하다. 그동안 대화할 사람이 없어 입에 거미줄을 치고 있었으니까.
우리는 똠양꿍, 라임 주스, 팟타이 등등 메뉴판에서 가장 맛있어 보이는 음식들을 주문했다. 뭘 먹든 간에 함께 먹고, 수다를 떨 수 있다는 것이 참 좋았다.

"Food is not important! Place is not important! Who you with!"

"음식도 장소도 중요하지 않다. 누구와 함께 하느냐가 중요하다." 내가 입버릇처럼 달고 사는 말인데, 이제 나의 슬로건이 되었다.

너츠퍼드 테라스,
식도락 명소의 밤

지마니 마니조가 왔지만 나는 수업을 들으러 갔다.
하루 수업료가 한두 푼이 아니지 않나. 그동안
친구들은 각자 쇼핑을 하기로 했다. 수업을 제치고
싶은 마음이 굴뚝같았지만, 친구들을 쇼핑하기
좋은 메인 숍들이 모여 있는 센트럴 퀸즈 로드Central
Queens Road에 데려다준 후 아쉬운 발걸음으로 학원을
향했다.

그날 따라 어찌나 수업 시간이 길게 느껴지던지….
그런 마음이 드러났는지 멍 때리고 있는 나를
선생님이 부르셨다.

"Hey! Are you ok?"
"……"
"Estella? Estella!"
"Ah! Sorry sorry. Hahaha, I'm out of it"

수업을 들으면서도 몸만 이곳에 있을 뿐 마음과
머리는 유체이탈한 지 오래.

지마니와 마니조는 직장인이라 휴가 기간이 고작 이틀이었다. 그래서 더 알차게 보내야 했고, 그러기 위해서는 잠자는 시간을 줄이고 놀아야 했다. 나는 본래 여행을 가면 잠자는 시간을 줄인다. 그 짧은 시간 동안 아름다운 것들을 보고 느끼고 경험하기에도 모자란데 잠으로 시간을 보내는 것이 아까웠다. 그래서 내 지인들은 나와 여행을 할 때 '황보 투어'라는 말을 만들어내 쓰곤 했다. '빡쎈 여행이 곧 시작된다'는 뜻이었다.

저녁 무렵 우리는 지하철 MTR을 이용해 홍콩 아일랜드에서 침사추이Tsim Sha Tsui로 넘어갔다. MTR 빨간 노선의 아일랜드행 열차Island Line를 타고 애드미럴티를 지나면 침사추이 역이다. (이스트 침사추이East Tsim Sha Tsui와는 다른 역이므로 확인을 잘 해야 한다.)
출구 B1으로 나와 킴벌리 스트리트Kimberley Street 방향으로 가면 '너츠퍼드 테라스Knutsford Terrace'라는 곳이 있다. '미라마Miamar' 쇼핑센터 앞에서 오른쪽으로 돈 후 노란색 계단으로 올라가면 오른쪽 골목에 위치해 있다. 주룽 반도 퀄룬에서 가장 떠오르는 식도락 명소로 꼽히는 곳이다.
그곳에 들어서면 유럽의 골목에 들어선 듯 테라스가 딸린 식당과 술집, 바 등을 많이 볼 수 있다. 또 그 골목 입구부터 끝까지 와인과 음식, 각국의 다양한 사람들을 만날 수 있다. 한국은 주말이나 홀리데이에만 사람이 많지만, 홍콩 같은 세계적인 관광지로 유명한 곳은 주중이건 주말이건 상관없이 늘 사람이 붐빈다. 일주일 내내 주말 같다.

우리는 간단한 야식과 칵테일, 와인 한잔하기 딱
좋은 곳 '와일드 파이어Wild Fire'로 들어갔다. 이날도
어김없이 사람이 많았다. 어디 앉을까 하다가
금방 자리가 난 어느 야외 테이블이 레이더망에
들어왔다. 지마니 마니조 나 누가 먼저라고 할 것
없이, 어디선가 누군가 와서 자리를 차지해 뺏길까 봐
의자 쪽으로 달려가 가방을 던져두었다.
'어디서건 한국 아줌마 근성이 나오는구나.'
우리는 피자와 파스타 그리고 와인 한 병을 주문했다.
한잔하기 좋은 곳이지만 우리는 한 병을 시켰다.
3명부터는 하우스 레드를 한 잔씩 주문하기보다는
한 병을 시켜서 나눠 마시는 것이 가격으로 보면 더
합리적이다. 해피 아워 타임이 아닌 이상은. (보통
와인 한 병은 5~6잔이 나온다. 글라스마다 차이
있음.)

"Che~~~ers~~ to our travel of second!"

첫 와인 잔을 부딪치며 우리는 이제 제대로 두 번째
여행을 시작했다.

3780의 홍콩 여행에서 인증 샷은 절대 빼놓을 수
없다. 두 명씩 찍고, 혼자도 찍고, 셋이서 정확지 않은
앵글로 셀카로도 찍고. 셋이서 신나서 그러고 있는데,
바로 옆 테이블 서양인 남자 둘이 우리를 쳐다보며
웃었다.
'우리가 너무 관광객 티를 냈나?'
민망했다.

"Need help?"

우리와 눈이 마주친 한 남자가 사진을 찍어준다며 말을 건넸다.

"Oh~Thank you."

사실 도움은 필요없었다. 멋진 배경은 없어도 우리의 인증 샷을 만들어내기에 셀카로도 그다지 불편함은 없었다. 하지만 그 남자분 역시 도움을 주려는 건데 굳이 사양할 필요는 없을 것 같았다.
'사양하면 그 남자가 무안해할 것 같아서…. 아, 몇 개월 사이 나 많이 변했다.'
서양 사람이 눈인사라도 건넬 때면 속으로 '이건 또 무슨 꿍꿍이야?' 하며 까칠했던 내가 어느새 의심 없이 도움받을 줄도 알고, 더 이상 낯선 외국 사람을 무서워하지 않는 대범한 여자가 되었다. Yay~~~!!
그렇게 옆 테이블 남정네들 덕분에 우리 3780의 홍콩 여행 인증 샷을 건졌다.

도움받아 찍은
사진이지만 우리가
찍은 셀카 사진과
그다지 차이 나지는
않는….

새콤달콤 칵테일
at Ozone.

와일드 파이어에서 밖으로 나와, 우리는 홍콩에서 가장 높은 빌딩 '리츠칼튼 호텔Ritzcalton Hotel' 톱으로 올라갔다. 전체 118층으로 되어 있는 리츠칼튼의 톱에는 '오존Ozone'이라는 바가 있다. 118층이면 63빌딩 2배쯤 되는 높이. 오존은 워낙 높이 있어 엘리베이터를 타고 오르는 순간에도 귀가 먹먹해진다.

오존은 전체가 통유리로 되어 있어 홍콩 아일랜드 쪽까지 홍콩의 전경을 한눈에 볼 수 있다. 날씨가 흐린 밤에는 가시거리가 짧지만, 네온사인과 작은 불빛만으로도 충분히 아름답다. 홍콩의 전경을 더 가까이 보도록 바깥 테라스 쪽에는 망원경이 비치되어 있다. 바깥 테라스까지 가지 않아도 이미 가장 높은 곳에 서 있으니 그것만으로도 스릴 있었다. 오존은 칵테일이 꽤 맛있다. 알코올을 싫어하는 우리도 달콤하고 시큼한 맛, 그리고 예쁜 컬러에 빠져 홀짝홀짝 마시다가 어느새 취기가 올랐다.

밤이 깊었지만 집으로 가기 아쉬웠다. 홍콩의 밤을 지마니 마니조에게 더 소개하고 싶었다. 그래서 내가 이끌고 간 곳은 바로 나의 첫 번째 시크릿 바 '페더보아Feather Boa'였다.
지마니 마니조는 내 가게인 것마냥 그 안을 천천히 둘러봤다. 나는 그들이 내 시크릿 바에 어떤 반응을 보일지 궁금했다. 나의 페이버릿 '딸기 초콜릿 파우더 보드카'를 주문해주고는 둘의 반응을 슬그머니 살폈다. 예상했던 대로 이런 곳이 다 있었느냐, 어떻게 알게 됐냐는 등 연신 질문을 해댔다.
'그렇지~~! 여기를 안 좋아할 수가 없지~~~.'

간만에 뭉친 우리 3780! 보드카는 차가웠지만 우리의 우정은 뜨거웠다.

참, 이곳은 여권, 홍콩 ID나 명함 같은 신분증이 있어야 입장이 가능하다. 신분증 한 장당 3명까지, 4명부터는 2개 이상의 신분증이 있어야 한다. 이유는 홍콩 클럽이나 바를 대상으로 경찰 검문이 있기 때문. 주인 바텐더 아주머니 말로는 신분이 정확하지 않은 손님은 받지 않으며, 혹 문제가 생기더라도 신분 명단이 있기 때문에 이렇게 하는 편이 안전하다고 한다.

나름 좋은 취지인 듯 보이지만, 미성년자 출입 불가인 곳도 아닌데 고급 파티에서나 있을 법한 일을 동네 작은 바에서 겪으니 처음에는 기분이 좋지 않았다. '내가 의심스러워 보이나' 하며 괜한 자격지심이 생기기도 했고, '차라리 들어가지 말까' 생각하기도 했다.

그런데도 항상 사람이 많은 걸 보면 이곳은 스페셜한 곳이 맞다. 또 다르게 생각하면, 찔릴 것이 없다면 신분증 떳떳이 보여주고 안전하게 노는 것도 나쁘지 않겠다는 생각이 든다. 나중에 나는 입장 가능한 뭔가 특별한 사람이 된 것 같았고, 대접받는 기분으로 바뀌어갔다.

'한국에서도 동네 맥줏집 갈 때나 소주를 마시러 갈 때 신분증 확인 절차를 거친다면 과연 한국 사람들은 그 가게에 갈까 말까? 급궁금해지네.'

애프터눈 티 카페 베란다에서 된장질을

한국에서는 카페가 한 집 건너 하나라고 하지만, 홍콩에서는 그렇게 흔하지 않다. 더군다나 보통 오후 6~7시면 문을 닫는 카페들이 있다.
한번은 홍콩 사는 친구들과 5시, 성완 골목 카페에서 만나기로 했는데 내가 조금 늦어서 저녁 시간으로 미루자고 했더니 저녁에는 문을 닫기 때문에 그럴 수 없다는 것이었다.
처음에는 그 말을 듣고 얼마나 어이가 없던지, 그 가게는 돈 벌 마음이 없냐고 물었었다. 그랬더니 얘네들이 한국인의 근면성으로 네가 좀 오픈을 해서 늦게까지 영업하는 카페를 하면 잘될 거라고 계속 부추기는 것이었다. 순간 진짜 하고 싶다는 생각도 들었다. 그래서 살짝 알아보기도 했었다는…. 하지만 언덕길 성완 골목이라 해도 코딱지만 한 가게 한 달 임대료가 우리 돈 600~700만 원 이상이나 한다는 사실에 급좌절.
'월세도 겨우 내면서 버티고 있는데 내가 무슨 홍콩에서 사업이냐. >.<'

영국의 식민지였던 홍콩에 아직도 남아 있는 영국 문화 중 하나가 '애프터눈 티'이다. 홍콩의 호텔 카페에는 대부분 '애프터눈 티' 세트가 있다.
애프터눈 티는 호텔이나 애프터눈 티의 명소 '리펄스 베이Repulse bay' 같은 교외로 나가면 쉽게 즐길 수 있다.

리펄스 베이는 비치로 유명하다. 또 주변에 리조트와
부호들의 별장, 명품을 판매하는 고급 상점이 많고,
갑부들과 홍콩 연예인들이 많이 모여 산다. 이곳에서
웨딩 촬영을 하는 예비 부부도 자주 볼 수 있다.
리펄스 베이 로드 109번지 고급 맨션 리펄스
베이 바로 앞에 애프터눈 티로 꽤나 유명한
'베란다Verandah'가 있다. 나는 애프터눈 티를 많이
접해본 사람은 아니지만 여행객 치고는 적지 않은
경험을 했다고 생각하는데, 사실 무엇이 '베란다'를
애프터눈 티의 명소로 만들었는지 잘 모르겠다.
그다지 맛있지는 않다.
호텔에서 느낄 수 없는, '테라스'에서만 볼 수 있는
경치 때문일까? 원래 대박 가게들은 맛도 맛이지만
그 가게의 분위기가 좌우한다고 하지 않는가. 아니면
여자들이 좋아할 만한 핑거 푸드 때문? 얇은 훈제
연어를 식빵과 오이로 돌돌 말아서 그 사이에 치즈
넣은 것, 미니 에그 타르트…. 3단으로 된 플레이트
위에 소꿉장난하는 것처럼 형형색색 아기자기하게
올려놓은 핑거푸드를 보면 나도 다른 사람들처럼
사진 찍고 싶어진다.
그곳에 갔을 때 나를 제외한 나머지 테이블은 모두
한국 관광객들로 채워져 있었다. 모두들 블로그나
입소문으로 온 듯했다. 홍콩 친구들도 '베란다'는
관광객들만 오는 곳이라고 했다. 다들 베란다~
베란다~ 하길래 대체 우리 집 베란다랑 뭐가 다른지
궁금해서 같이 가달라고 친구들을 졸랐던 것이 조금
민망해지기도 했다.
'베란다'는 드레스 코드가 있는데, 저녁에
남자들은 반바지 차림으로 들어갈 수 없다.

가격은 또 얼마나 비싼지 애프터눈 티가 1인 기준 248hkd(약 3만 4천 원), 2인 398hkd(약 5만 5천 원), 커피나 음료수는 50~70hkd(약 7~9천 원)이나 됐다. 가격 대비 만족스럽다고 할 수 없었다.
여행 왔으니 추억으로 한번쯤 가도 되겠다 하는 사람들은 괜찮지만, 굳이 군중심리에 휩쓸려 이곳을 찾기보다는 더 맛있는 티 카페에 가서 조각 케이크와 함께 마시는 것이 더 현명하다고 생각된다. 아니면 '베란다'를 배경으로 사진만 찍고 와도 충분하다.
'한국 사람들이 남산에 잘 안 가는 것과 같은가?'

애프터눈 티는 영국의 베드퍼드Bedford 공작부인으로부터 시작되었다고 한다. 점심과 저녁 식사 사이의 간격이 너무 길어, 오후가 되면 지루함을 느낀 베드퍼드 공작부인이 여가 시간을 채우기 위해 만든 것이다. 오후 4~5시쯤 케이크나 비스킷 그리고, 홍차로 여유롭게 오후 시간을 즐겼는데, 어느새 이 애프터눈 티 습관이 상류사회 부인들 사이에서 유행처럼 번졌다.
나 또한 그렇듯, 여자라면 누구나 우아해지고 싶고 지적으로 보이고 싶어 한다. 공작부인처럼 행동하면 마치 상류층 사람이 된 것 같은 기분이 든다. 그런 여자들을 우리는 '된장녀'라고 부른다. 실제 스팩Specification은 그렇지 않은데 겉모습이라도 상류층처럼 보이고 싶어 하는 여자들을 일컬어 하는 말이다.
점심은 천 원짜리 김밥 한 줄로 때울망정 후식은 4천 원 훌쩍 넘는 카페라테로 해야 하는? 뭐 그런 게 꼭 나쁘다는 것은 아니다. 자기 능력 안에서 하면 누가 뭐라는가.
백수인데도 해외여행을 자주 가고, 문화생활을
즐기는 척하면서 공연에, 전시에 게다가 패션
잡지들을 섭렵해 어떤 분야이건 아는 척하는 지인이
있다.
'퇴직하신 부모님, 자기 딸 위한다 생각하고 백수
딸에게 투자하시는데, 음… 이건 아니라고 봅니다.'

홍콩 여행자라면 홍콩 스타벅스

오늘은 토요일. 아싸! 수업이 없다. 수업 없는
이 아침 '황보 투어'의 첫 프로그램은 모닝커피 타임
되시겠다.
'커피 안 좋아하는 사람들도 다 안다는 그 빤한
스타벅스에 가서 커피를 마셔볼까?'

센트럴 두델 스트리트 Central Dudell Street에 가면
스타벅스 카페가 있다. 겉은 흔하디흔한 스타벅스
같지만 실내는 조금 다르다. 매장 한쪽 인테리어는
여느 스타벅스와 같고, 다른 반쪽은 홍콩의
글씨와 문구, 홍콩 문화를 알 수 있는 그림으로

디스플레이되어 있어 홍콩만의 분위기를 느낄 수 있다. 분명 흔한 카페에 들어왔는데 이국적인 느낌이 든다. 홍콩을 여행한다면 한번쯤 이곳을 들러보는 것도 홍콩 여행의 묘미가 될 수 있겠다.

홍콩 투어리스트 지마니 마니조와 나는 중국집 출입구처럼 구슬 커튼이 드리워진 스타벅스 화장실 문 앞에서 인증 샷을 찍었다. 찰칵!

홍콩을 알려면 몽콕 시장에 가라

여행에서 빠질 수 없는 게 그 나라의 시장을 방문하는 것이다. 그 나라의 문화와 경제를 알려면 그 나라의 시장을 가보라는 말도 있지 않나.
'몽콕 시장Mongkok Market'은 홍콩에서 가장 큰 시장이며, 관광객들이 반드시 들르는 곳이다. 태국에 팟퐁 시장이 있다면 이곳 홍콩에는 몽콕 시장이 있다. 가방부터 액세서리, 옷 등등 없는 것이 없다. 시장이니만큼 싼 가격에 에누리도 가능하니 물건을 많이 살 수 있어, 여자들은 이곳에서 쇼핑을 시작하면 시간 가는 줄 모른다.

나… 저 허리색 샀다.
늘어나는 허리색.
운동이나 등산 시
물병 넣기 좋음.

마니조는 가방을
밀고 가는 중.

몽콕 시장이 유명한 줄 알면서도 제대로 둘러보지도
못했는데, 지마니 마니조 덕에 몽콕 시장 구경을
다 했다. 어느새 나는 두 친구보다 더 여행객처럼
신이 나 있었다.
몽콕 시장에는 군것질용 스낵이 많다. 우리나라에
떡볶이, 오뎅, 호떡 등의 스낵이 있다면, 홍콩에는
다양한 야채 튀김과 무를 넣은 진~한 내장(천엽, 간 등등)
국물이 있다.
나는 가지나 피망을 다진 생선과 함께 어묵처럼
만들어 튀김옷을 입힌 후 통째로 기름에 넣고 튀긴
야채 튀김을 좋아하는데, 느끼하면서도 담백한
게 참 매력 있다. 기름이 줄줄 흘러내려 살찌는
소리가 들리는데도 마냥 좋다. 가격은 보통 4개에
10hkd(약 1,300원).

몽콕 시장의 먹거리를 즐기는 여유도 잠시. 우리는
단돈 3만 원을 주고 구입한 마니조의 큰 짐 가방
때문에 관광객 딱지를 달고 다니다가 집으로 가는
지하철을 탔다.

꾸밀 대로 꾸민 밤, 클럽으로

"애들아, 드레스 업! 옷들 가져 왔지? 자~ 준비햇!"
"유후~."

홍콩에서의 마지막 밤을 보낼 친구들을 위해 광란의 밤을 준비하기로 했다. 매일 있는 집구석에서 마지막 밤을 보낼 수는 없지 않은가.

[What u up to? Any plan tonight?
Just gonna join us.]

친구 밍으로부터 초대 메시지가 왔다.
밍은 싱가포르 출신으로, 나보다 2살 어린 친구이다.
사실 밍을 알게 된 계기는 마니조 때문이었다.
마니조의 큰언니 정현(Janny) 언니는 인디아계
싱가포르 사람 비카스와 결혼하여 싱가포르에서
살고 있다. 결혼식을 싱가포르 센토사에서 했는데,
그때 내가 축가 부탁을 받아 싱가포르까지 가게
되었고, 다들 알아듣지도 못하는 한국어 가사로
내 싱글 앨범에 실린 〈성숙〉을 불렀다.
'아, 왜 그랬지. 팝송 부를걸….'

정현 언니의 웨딩 파티. 정현 언니와 시누이.

밍 가족과 함께.

비카스는 한국 여성과 결혼을 해서 그런지 국적이 달라도 낯설지 않고 심지어 가끔은 한국 사람 같다. 지금도 형부 형부 하면서 잘 지내고 있다.
밍은 비카스의 고등학교 친구인데, 정현 언니와 비카스의 결혼식에서 알게 되었다. 금융 쪽에서 일하는 그는 그때 싱가포르에 살고 있었는데, 지금의 아내와 결혼해서 아들과 함께 홍콩으로 옮겨 왔다. 덕분에 가끔 심심해하던 나는 밍의 가족들 틈에 끼어 식사를 하기도 했다.

지마니 마니조와 나는 꾸밀 대로 꾸미고 외출에 나섰다. 지마니 마니조가 오늘은 치마로 단장했다. 평소 잘 입지 않는 스타일이라 어색해했다. 푸핫. 가다가 네온사인 불빛이 휘황찬란한 곳이 나타나면 인증 샷을 남기기도 했다. 우리는 천생 여자.
밍이 우리를 초대한 곳은 '프리베Prive'라는 클럽이었다. 나이트클럽 아니다. 그냥 클럽이다.

클럽 입구에서부터 제재하는 직원이 가득 있었다.
'한국에서는 주말마다 클럽으로 행차하는
클러버Clubber 출신으로, 클럽에 대해 칼럼까지 썼던
여자인데….'
30살 이후의 클럽 행차는 공연 때문에 한두 번
간 거 빼고는 손에 꼽을 정도다. 이제 클럽에 가면
어린 친구들뿐이라 젊은이들 사이에 낀 노인네
같은 기분이 들어 주눅이 든다. 사람들이 내
나이를 모른다면 모를까, 검색 엔진을 이용하면
바로 나와주시는 인적 사항 때문에 신나게 몸을
흔들다가도 괜히 눈치가 보여 자리에 앉곤 한다.
(간혹 나를 보고 그 자리에서 바로 검색해주시는
팬분들의 센스!) 그럴 바에야 안 가는 게 낫겠다는
생각이 들기도 한다.

쾅쾅쾅. 클럽 안으로 들어가니 신나는 음악과
화려한 드레스와 밑위길이만 겨우 가려질 만큼 짧은
미니스커트에 진한 화장을 한 홍콩 여자들로 가득 차
있었다.
'한국 클럽도 이런가?'
청바지에 후드 티에 단화 차림으로 다녔던 한국
클럽과는 달리 이곳은 무슨 시상식 가는 것마냥
반짝이 의상들로 가득했다. 그들에 비하니 한국
클러버들의 차림은 단아하게 느껴졌다.
'나름 세다고 생각하고 은갈치 가죽 재킷 입고
왔는데, 우쒸! 숏팬츠 입은 것들한테 밀렸다. >.<'

"쿵쾅 쿵쾅."

간만에 신나는 음악에 내 심장도 같이 쿵쾅거렸다.
'이런, 발이 다 까져버렸네. 힐을 신고 그렇게
흔들어댔으니. 그것도 10센티미터 이상 되는
하이힐을…. 아이고, 내 발꾸락이야. ㅜㅜ.'

맛 없음.ㅡ_ㅡ;

홍콩 황보 투어의 끝

이른 아침부터 서둘렀다. 3780을 떠나보내야 하는
오늘. 낮에 비행기를 타야 하는 지마니 마니조를 위해
아침 한 끼도 소홀히 해서는 안 되었다.

홍콩의 아침, 브랙퍼스트는 스탠턴 스트리트
모퉁이에 있는 식당 '스탠턴'에서 하기로 했다.
이곳은 집으로 올라가는 길에 늘 보았던 곳인데,
밤이나 낮이나 맥주 한 병씩 한 손에 들고 대화를
나누는 사람들로 북적여서 늘 가보고 싶었던 나의
팬시 장소였다.
그 스트리트 골목 사거리 모퉁이에 있는 네 곳
레스토랑 모두 영국 출신의 한 남자가 주인이란다.
그것도 완전 핫한 중심가 핫한 거리에서.
'완전 부자인갑다….'
같이 갈 사람이 없어서 지금까지 한 번도 가보지
못하고 유흥을 즐기는 사람들을 보면서 부러워만
했는데, 지마니 마니조 덕에 처음 들어가보았다.
와~ 반전이었다. 지금까지 홍콩에서 먹었던
브랙퍼스트 중 최악이었다.
오믈렛, 베이컨, 샐러드…. 브랙퍼스트에서 뭘
기대하나 했었지만, 정말 이곳의 브랙퍼스트는
수준 이하였다. 짜고, 싱겁고, 덜 익고, 양도 적고….
차라리 편의점 샌드위치가 낫지 싶었다.
알고 보니 '스탠턴'은 맥주와 거리만으로 유명한

마니조 & 지마니.

나.

곳이었다. 하긴 그러고 보니 홍콩에서는 다들 맥주만
마시지 한국처럼 안주 문화가 발달돼 있는 것도
아니고, 이곳에서 음식을 먹는 사람은 별로 못 봤던
것 같다. 그냥 분위기만 괜찮았던 걸로!
아무튼 배신당한 기분이었다.
'이럴 줄 알았으면 차라리 아침부터 모닝 맥주 한 병
깔걸 그랬나? 평소에 자주 가는 퓨어 피트니스센터
아래층에 있는 퓨어(지금은 없어졌음)로 바로 갈걸.
아, 후회 막심. 친구들아 미안~.>.<'
맛은 없었어도 거리와 유럽 느낌의 인테리어는
사진을 찍고 싶게 했다.
'사진으로라도 본전 뽑자. 밥값이 아깝다.'
안에서 찰칵, 밖에서 찰칵, 둘이서 찰칵 찰칵 찰칵.
밥은 안 먹고 쇼핑몰 촬영하듯이 사진을 찍어대고
있으니 직원이 한심하게 쳐다봤다.

이제 지마니 마니조를 보내주어야 할 시간.
'아 아쉽다…. 다시 난 혼자가 되는 건가….'
홍콩 스테이션에서 짐을 미리 부친 후 두 사람은
공항 열차에 몸을 실었다. (이 시스템은 참 편리한
듯하다. 우리나라에서도 삼성동에서 공항으로 짐을
미리 보낼 수 있지만, 미리 체크아웃을 하고 바로
열차 타고 공항으로 가는 홍콩 시스템에 비해 그다지
활용성은 높지 않은 것 같다.)

"얘들아, 잘 가~."
"다음 주에 보자. ㅠ.ㅠ."

촬영 때문에 매주 한국에서 다시 볼 수 있는데도 나는
아쉬워서 미칠 것 같았다. 나 혼자 남겨지는 것도
힘들었다.
역에서의 배웅을 마지막으로 아쉽지만 지마니
마니조를 위한 '황보 투어'는 끝이 났다.
'차라리 오지나 말지. 지인의 첫 방문이라 그런가…
마음이 더 허전하네. 금세 나아지겠지….'
지마니 마니조가 떠나는 것을 보고 집으로 돌아간
나는 무슨 연인과 헤어져 적응 못하는 사람마냥
텅 빈 마음을 달래며 오지도 않는 낮잠을 잤다.

란 콰이 펑에서
놀아보지
않은 사람은

홍콩을 말하지
말라

'휴 그랜트'가 홍콩을 방문했다. 가족 여행을 가려던
차에 내가 있는 홍콩에 온 것이다.
아, 여기서 휴 그랜트는 영화배우 그 휴 그랜트가
아니라 한국 사람 휴 그랜트이다. 동양인인데도
외모가 휴 그랜트와 닮아서 내가 붙여준 닉네임이다.
처음에는 내가 "휴 그랜트"라고 부르면 그는
민망해했었는데, 이제는 밖에서 내가 크게 외쳐대도
민망해하지 않는다. 자연스럽게 대답까지 한다.
그와는 한국 기아 단체 '컴패션Compassion'에서 인연을
맺게 되었다. '쇼파홀릭Shopper Holick'의 안방마님 승아
언니가 그의 아내이며, 그는 준이 소은 남매를 둔
잘나가는 인테리어 회사 사장님이시다.
승아 언니는 못 오고, 언니의 남동생인 처남
알렉스와 고딩 준이, 중딩 소은이를 데리고 왔다.
평소에 그 남매를 예뻐한 터라 온다는 소식이
반가웠다. 3780이 남기고 간 이 허전한 마음을 채워줄
수도 있을 것 같았다.

낮에는 아이들과 잘 놀아준 후(?)
밤이 되자 우리는 슬금슬금 기어
나왔다.
'아이들이 잠든 후에….'
알렉스는 홍콩이 처음이라고
했다. 우리는 '란 콰이 펑 Lan Kwai
Fong'으로 갔다. 홍콩에서 란 콰이 펑을
즐기지 못했다면 이것 또한 홍콩에
다녀왔다고 할 수 없다.

"Let's go! LKF!!"

엘케이에프. 란 콰이 펑을 우린
이렇게 부른다. 할리우드 로드를
따라 엘케이에프 호텔 타워 방향을
중심으로 바, 레스토랑, 갤러리까지

태즈메이니아 볼룸
테라스에서 바라본
LKF 거리.

정말 수많은 가게들이 줄지어 서 있다. 주중이건 주말이건 항상 홀리데이의 기분을 느낄 수 있다. 그리고 동서양을 막론하고 어느 나라 사람이든 모여 살 수 있는 곳이 란 콰이 펑이다.
우린 '드래건-아이Dragon-I' 바로 맞은편에 있는 '태즈메이니아 볼룸Tazmania Ballroom'을 선택했다.
일단 드래건-아이는 꽤 유명한 클럽이다. LKF 호텔 타워 바로 맞은편 건물 '소살리토Sausalito' 2층에 위치해 있는데, 저녁에는 디너와 해피 아워를 즐길 수 있고 밤이 되면 신나는 음악에 맞춰 춤도 출 수 있다. 물 또한 조~으다. 므훗.
드래건-아이에 들어가면 서양 사람들이 거의 대부분이다. 그것도 꽤 예쁘고 멋진 모델들이 많다. 쭉쭉 빵빵한 여자들과 수트가 멋진 금발의 서양 남자들…. 그래서 모처럼 하이힐을 신은 날에나 당당히 들어갈 자신이 생긴다.
보통 홍콩 여자 평균 키에 비해 큰 편이기는 하나 힐을 신지 않고서 그곳에 있으면 자신감이 사라진다. 게다가 입구에서부터 아무나 들여보내지 않는 등 규칙이 까다로워 웬만하면 차려입고 가주는 게 예의이다. 적어도 무시당하고 싶지 않다면 말이다.
드래건-아이의 주인은 어느 엔터테인먼트 회사의 사장이라 한다. (그 엔터테인먼트 회사에는 '조이 영'이라는 홍콩에서 유명한 여가수가 속해 있다.) 클럽의 물을 좋게 보이게 하려고 모델들에게는 무료 입장에 음료와 술을 공짜로 제공해준다는 설이 있기도 하다. 드래건-아이 그리고 태즈메이니아 모두 오너가 같다.
태즈메이니아 볼룸은 LKF 호텔 타워 2층에 위치해

알렉스(왼쪽)와
휴 그랜트랑 징스 바에서.

있다. 클럽 대부분이 그렇지만 큰 덩치의 시큐리티 가드들이 문 앞을 지키고 서 있다. 덩치들은 대략 100킬로그램 이상 나가는 흑인 남자이다. 처음에는 출입 제재와 신분증 검사로 위협을 느꼈지만 지금은 그들과 친구가 되었다.
'그만큼 자주 간다는 이야기가 되어버렸군. 이젠 뭐 say hi~ 하고 간단하게 통과~~.'

태즈메이니아 볼룸의 매니저가 우리 테이블로 와서 명함과 인사를 건네고 간다.
'뭐지? 아… 우리가 최고급 샴페인을 주문했구나. 젠장. 이래서 돈이 있어야 하나. 하하하. 그렇게 자주 와도 이런 일이 없었는데. -_-;;;'
태즈메이니아 볼룸은 그냥 '타즈Taz'라고 한다. 타즈의

가운데에는 3개의 포켓 테이블이 있어 언제든지 마음껏 게임을 할 수 있다. 포켓 테이블 또한 이곳만의 매력이다. 친구들과 게임을 하면서 지루할 수도 있는 술자리를 신나게 즐길 수 있다. 이 포켓 테이블도 인기가 많으므로 순서가 돌아오려면 오래 기다려야 하니 미리 예약을 해야 한다.

LKF 타워 그 건물에서 바로 엘리베이터를 타고 B1에서 내리면 건물 반대편의 화려한 거리를 다시 볼 수 있다. 하드록 카페에서 내리막길을 따라 걸어가다 보면 홍콩의 밤을 느낄 수 있는 클럽들이 있다. 그중 '징스Zinc'로 가보자.
징스는 야외 테이블이 있어 보기에는 그냥 바 같아 보이지만 안으로 들어가면 시끄러운 음악과 춤을 출 수 있는 스테이지와 조명이 준비되어 있다. 마음 놓고 눈치 안 보고 스트레스를 날려버리기에 좋다.

유명한 거리이니만큼 한국 관광객들을 자주 만나게 된다. 트레이닝복에 등산화 차림으로 거리에 출현했다면 영락없이 우리 한국 사람이다.
'귀찮더라도 웬만하면 저렇게 입고 란 콰이 펑에는 나오지 않았으면 하는 작은 소망이 있네. 하하하. ^.^;;;'
트레이닝복에 크로스백이다 하면 한국 사람. 100미터 떨어진 곳에서도 알 수 있다.
'여러분, 플리즈~.'

홍콩 주말 밤의 30대 클러버

플라이.

플라이의 그네.

레벨.

친구들과 주말을 보내기 위해서 밖을 나섰다. 주말을 보내지 않고 주말을 즐기기에 클러빙Clubbing만 한 게 없다. 클러빙이란, 말 그대로 클럽을 다니는 것이다. 보통 클럽들은 핫한 동네 주변에 몰려 있는데, 꼭 한 군데 클럽만 가는 것이 아니라 2~4곳을 다니는 것이다.
홍콩에서는 꼭 클럽이 아니더라도 바와 같이 음악이 나오고 춤을 출 수 있는 공간만 있으면 누구나 리듬에 몸을 실어 즐기므로 클럽이라 부를 수 있다.

저녁을 먹고 보통 10시쯤, '플라이Fly'에서 가볍게 클러빙을 시작한다. 플라이는 아담한 사이즈에 지하가 아니라 차 다니는 도로 옆 건물 1층에 있는 오픈된 클럽이다.
입구에는 그네 2개가 매달려 있다. 이곳에서 나를 매료시킨 것도 이 그네이다. 이 그네에 앉아 살살 스윙을 하면서 와인을 마시면 그렇게 황홀할 수가 없다. 또 입구 바깥쪽에 있어서, 클럽의 시끄러움을 피해 그나마 대화가 가능하다.
그네를 타면서 레드 와인 한잔에 수다를 떤 후 나와 플라이 골목을 끼고 뒤로 가면 클럽 '플레이Play'가 나온다.
에스컬레이터를 타고 올라가서 플레이의 '물'을 한번 체크해주고, 그 건물 안 바로 맞은편 엘리베이터를 타고 곧장 6층으로 올라가면 '레벨Level'이라는 또 다른 클럽이 나온다.
레벨은 다른 클럽에 비해 입장이 좀 더 까다로운 편이다. 물론 다른 클럽들도 신분증이 필요하긴 하지만, 그것에 더해 멤버십으로 운영되어 멤버가

타즈의 시큐리티 가드.

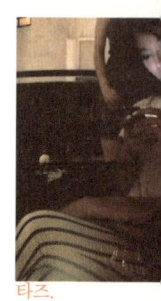

타즈.

아니거나 테이블을 예약하지 않으면 줄을 서서
차례가 올 때까지 기다려야 한다. 입장하기에 여간
불편한 게 아니다. 게다가 주말이면 도로 끝까지 줄을
서므로 들어가기까지 아주 오래 기다려야 한다.
'한국에서는 줄 한 번 안 서봤는데, 아 자존심 상한다.'
툴툴대며 불만을 늘어놓는 사이에 어느새 우리는
그 줄 안에 서 있다. 그것도 too~ 하이힐 신고!
하하하.
40여 분이 지났을까. 드디어 우리 차례가 왔다.
그런데 아차! 신분증을 놓고 왔네. 이런…. 함께 온
동생 리나, 엘리나가 먼저 들어갔다. 클럽 레벨
입구 앞에서 시큐리티 가드가 나에게 신분증을
보여달란다. 나는 깜빡했다고, 그리고 그렇게 어리지
않다고 얘기했으나 그 덩치 큰 가드는 "NO!"라고

볼라.

타즈.

볼라.

단번에 말을 잘랐다.
'좋아해야 하는 건가? 얘, 내가 그만큼 어려 보이는 거라고 해석해도 되겠니? 누가 봐도 20대는 훨 지나 보이는데 왜 못 들어 가냐고요. 지금까지 줄 섰는데. 아놔~. ㅠ.ㅠ'
짜증이 나서 동생들에게 먼저 들어가라 하려는데, 리나가 그 가드에게 짧게 한마디 외쳤다.

"She is double!!!"

'내 나이의 2배? 헐…. 짧게 외치긴 했으나… 너무 크게 외쳤다….'
순간 줄 서 있던 사람들이 나를 한번씩 위아래로 훑기 시작했다.
'아… 왜 또 굳이 그렇게 설명을…. 나 진짜 오늘 클럽 안 들어가도 되는데…. 못 들어가도 되는데…. 집에 갔다가 다시 와도 되는데…. 그래… 리나야… 암튼 고맙다. 너무 고맙다. >.<'

"크크크. 언니, 어쩔 수 없었어요. 크크. 안 그럼 언제 또 줄 서서…. 크크."
"야! 그래도 그렇지 2배는 너무 하지 않냐. 아님 조용히 말하던가. 아놔…."

어쨌든 잠깐 창피하고 드디어 클럽 레벨 입장에 성공! 레벨에 들어서면 사람이 많아 발 딛기도 힘들 정도이다. 친구들끼리 손을 꼭 잡고 사람들 사이를 뚫고 겨우 지나갈 정도로 사람이 많다. 손이라도 놓치면 동행자를 잃어버리기 십상이다.
드링크 주문을 위해 바 카운터까지 가는 길도 험난하다. 주문하는 사람들의 손을 밀치고 들어가 바텐더에게 큰 소리로 말해도 될까 말까다.
'이래서 클럽에는 남자랑 와야 하나 보다. 예쁘게 차리고 이게 뭐람. 주정뱅이처럼 클럽이 떠나갈 듯 술 달라고 외치는 내 꼴 좀 봐.'

여기서 여자들이 가장 즐겨 마시는 드링크 중 하나는 모히토이다. 모히토 제조는 투명한 글라스에 민트허브와 라임을 스퀴즈해서 향이 나게 한 뒤 보드카와 설탕, 마지막으로 토닉워터를 넣어주면 끝이다. 허브 특유의 향과 라임이 잘 어우러져 주스처럼 상큼하면서 달콤한 맛이 난다.
'알코올 도수가 낮은 듯해서 한동안 자주 마셨는데, 알코올은 그렇다 치고 살이 좀 찌더이다.'
사실 모히토에 설탕이 여간 많이 들어가는 게 아니다. 그래서 그 뒤로는 레드 와인으로 바꿨다. 뭐 와인도 칼로리가 없는 건 아니지만, 늘 뭐든지 적당한 선을 지키는 게 중요하다.

젊은이들, 아니 어린것들이라고나 할까.
'매그넘Magnum'은 정말 대학생 새내기 어린것들로 가득 찬 곳이다. 누가 봐도 내 조카뻘 되는 사람들이 모여 있다. 나의 평소 차림으로는 얘네들과 섞이는 게 불가능.
'벌룬 스커트를 입거나 페도라 하나쯤 쓰고 가줘야 그들과 디졸빙Dissolving되어 보이는구나…'
피부과가 아닌 이상 조명이 밝지 않으니 내 나이를 알아보긴 어려울 거다. 한국에서는 내 나이쯤은 쉽게 알 수 있기 때문에 나이만큼 보이지 않는다 하더라도 어린 척하기가 쑥스럽지만, 이곳에서는 내가 직접 말하기 전까지 내 나이 맞추는 사람을 못 봤다. 헤헤.
일단 매그넘은 진정한 클러버들이 아니라 이성에 관심 있는 사람들이 모이는 것 같다. 플라이 같은 경우 진정 음악을 좋아하는 클러버들이 가는데, 이곳 매그넘 클러버들은 클러버가 아니라

'나이트클러버'라고나 할까. 눈빛과 행동을 보면 알 수 있다. 음악과 춤에 관심을 보이는 게 아니라 '오늘 누구를 낚아야 하나' 하는 생각으로 눈동자가 바쁘다. 아니, 입구에서부터 치근덕대는 꼬마들이 얼마나 많은지 귀찮아 죽는 줄 알았다.
'정말 이 소울 없는 뻐꾸기들! 보이는 아무 여자나 팔뚝 붙잡고 같이 놀자는, 정말 유치찬란한, 나 어릴 적 록카페 스타일!'
매그넘의 장점은 한국 노래가 정말 많이 나온다는 것이다. 신나는 후배 가수들의 음악이 흘러나오니 이곳이 한국인지 홍콩인지 착각하게 될 지경이다. 절로 신이 났다.

'애프터 클럽After club'이라고 해서 밤 시간을 지나 자정이 훨씬 넘은 시간에 클러버들이 모여드는 클럽들이 또 있다. '이곳이 애프터 클럽이다'라고 딱히 정해진 것은 아니고, 클럽들을 순회하다 대부분 맨 마지막으로 들르는 곳이 자연스레 애프터 클럽이 된다. 그 시간이면 이미 만취한 클러버들이 한가득이다. 술의 힘으로 음악과 한몸이 되어 그 시간을 버티는지도 모르겠다.
'볼라Volar'는 우리가 들르는 마지막 코스 중 하나이다. 천장에 있던 포켓 테이블이 자동으로 내려와 초저녁부터 자정까지는 포켓볼 바Pool Bar가 된다. 클러버들이 모이기 전에 몸 푸는 게임을 즐기기도 한다.
볼라 입구에 들어서면 길이 양 갈래로 나뉜다. 왼쪽 콘셉트는 힙합과 라운지 스타일 등의 음악과 오렌지 조명, 그리고 오른쪽 콘셉트는 일렉트로 하우스

너츠퍼드 테라스에
있는 보드게임
숍에서.

볼라에서는 포켓볼!

음악에 그린 조명이다. 입구만 다를 뿐 중간에서 다시 만나게 된다.
난 항상 처음에는 왼쪽으로 들어간다. 가볍게 리듬을 타면서 그리 빠르지 않은 바운스에 몸을 맡기다 보면 기분도 업된다. 오렌지 라인에서 놀다가 길을 쭉 따라가면 그린 라인이 나온다. 그린 라인으로 들어가면 음악 스타일이 달라지면서 분위기가 확 바뀐다. 록 스타일 음악에 맞춰 모두들 점핑 점핑 하며 날아다닌다.
오렌지 라인에서도 그린 라인에서도 친구들과 하이파이브를 하고, 지나가는 클러버들과 아이 콘택트를 하며 "Say Hi!"를 나눈다. 이 또한 클러빙의 매력이다.

클러빙 초보였을 때만 해도 클럽은 그저 술이나 마시는 시끄러운 곳으로, 나이트클럽과 별반 다를 게 없다는 선입견이 있었다. 하지만 어느덧 20대 클러버를 졸업하고 30대 클러버로 접어들면서 생각이 달라졌다.

클럽은 음악과 춤을 좋아하는 사람들이 모이는 곳이다. 클럽에 와서 음악만 듣는 진정한 음악 마니아들, 춤을 좋아해서 누구도 의식하지 않고 벽 보고 춤만 추는 사람들, 그리고 그런 사람들을 바라보는 사람들…. (사실 클럽에서는 사람 구경이 제일 재미있다.)

화려한 조명, 화려한 음악, 화려한 의상들로 가득한 클럽 안은 우리의 눈과 귀와 마음까지 화려하게 만들어준다. 클럽이란 아마도 춤과 눈빛으로만 대화하는 곳이 아닐까.

우리 클러빙
순례자들은 식당
취와에 간다

플라이-플레이-레벨-매그넘-볼라. 이렇게 클러빙을 마치고 나면 반드시 들러야 할 곳이 있다. 바로 센트럴에 있는 '취와 Tsui Wah'이다.

취와로 말할 것 같으면, 뭐랄까… 홍콩판 '김밥천국'이라고나 할까. 24시간 운영되며 중국, 홍콩, 이탈리안 푸드까지 퓨전 스타일의 거의 모든 메뉴가 있다. 게다가 가격이 아주 저렴하지만 양이 많아서 주머니 사정이 여의치 못할 때 이만한 식당도 없다. 나는 수업이 끝나고 집에 가는 길에 밥하기 귀찮고 간단히 한 끼 때우고 싶을 때 가끔 들른다. 그러나 현금만 받는다. 취와는 홍콩에만 100여 개 이상의 체인점이 있다.

늦은 새벽 시간에도 취와는 1층부터 3층까지 클럽에서 놀다 다크 서클이 바닥까지 내려온 지친 클러버들로 가득 차 있다.
'나는 술을 안 마셨으니 저 정도로는 안 보이겠…지? 나 혼자만의 생각인가? 나도 저리 보일라나?'

처음에 취와에 왔을 때는 메뉴가 너무 많아 뭘 시켜야 할지 몰랐었다. 이것도 먹고 싶고, 저것도 먹고 싶고, 다 맛있어 보였다. 그러다가 출근 도장 찍듯이 들르다 보니 자연스레 나만의 페이버릿 메뉴가 생겼다. '새우 똠양쿵 누들'과 '계란덮밥'이다.
새우 똠양쿵 누들은 매콤하면서 얼큰하고 시큼하여 속이 확 풀린다. 한국에서는 타이 식당에 가야 하지만 이곳에서는 쉽게 먹을 수 있어서 너무 좋다.
계란덮밥은 말 그대로 기름을 흠뻑 두른 프라이팬에

내가 좋아하는
새우 그라탕과
피시 볼 수프.

볶아낸 달걀을 흰쌀밥 위에 얹은 것이다. 별거 아닌 달걀이고 보기만 해도 느끼할 정도로 과한 기름 윤기가 좔좔 흐르는데, 이상하게도 한국에서 먹는 것보다 맛있다. 또 안남미 흰쌀밥은 한국산 쌀밥과 달리 불면 날아갈 듯 가볍지만, 그 위의 달걀 프라이는 입안에서 사르르 녹는다.
'후…. 그때 맛을 떠올리니 진짜 너무 먹고 싶어 미치겠다. ㅠ.ㅠ'

"야~ 비싸고 좋은 식당 다 가봤지만 홍콩에서 먹어본 것 중에서 이게 제일 맛있네."

나의 베스트 메뉴 새우 똠양꿍 누들을 맛본 알렉스와 휴 그랜트도 감탄을 자아냈다.

클러빙 후엔 늘
취와에서 굶주린
배 채우기. with
안토니, 피비, 셉.

흔하디흔한

보트 트립

한국에서 놀러 온 고등학교 동창의 이름은 '조 박사'.
아니 별명이 조 박사이다. 똑똑해서가 아니라 뭐든
아는 척해서 고등학교 때 우리 친구들이 붙여준
별명이다. 그 당시 누가 무슨 말만 하면 그녀가 아는
척을 하자 처음에는 다들 '쟤 말이 맞다고 해주자'는
식으로 넘어가곤 했다. 아는 척하는 것까지는 좋은데
틀린 정보가 대부분이었기 때문이다. 어릴 적에는
잘난 척하는 것 같아 얄미웠는데, 성인이 되고 나서도
아는 척, 잘난 척할 때면 그게 그렇게 귀여워서
웃음이 난다.
로펌 회사에 다니는 조 박사는 직장인이므로 월차를
써서 이틀 시간을 내어 나를 보러 왔다. 사실 나를
보러 온 건지 놀러 온 차에 나를 만난 건지는 알 수
없었다. 그냥 그렇다고 생각하자.

5월에 접어드니 홍콩은 한국보다 더 빨리 더워졌다.
지난번에 친구 피터가 회사 동료들이랑 보트 트립을
간다면서 같이 가자고 했었는데, 한국에서 조 박사가
오는 바람에 못 가게 된 상황이었다. 조 박사에게
물어보고 괜찮다면 같이 가도 좋다고 해서, 조 박사가
오케이하자 우리는 웨이크 보드를 타러 가기로 했다.
웨이크 보드를 탈 줄 모르는 조 박사는 의외로 흔쾌히
가겠다고 했고, 그것을 핑계 삼아 나는 조 박사에게
나의 집에 들러서 내 보드복을 챙겨 와달라고 부탁했다.
'이왕 탈 거면 제대로 타야지~.'
그런 것까지 시켰다고 내 친구들이 나를 나무랐다.
조 박사는 임무를 완수했고, 나는 분명 조 박사가
나를 보러 온 게 맞다고 확신했다.
'수고했어. 조 박사!'

우리는 다 함께 '타이탐Titom'이라는 곳으로 웨이크
보드를 타러 갔다. 웨이크 보드를 탈 수 있는 곳은
많지만 피터의 추천으로 타이탐을 골랐는데, 생각보다
시설이 좋지 않았다. 차라리 '애버딘Aberdeen'이
시설도 더 좋고 물도 깨끗했던 것 같다. 게다가
타이탐에는 탈의실이 없어서 옷을 화장실에서 힘들게
갈아입어야 했다. 여자 입장에서 여간 불편한 게
아니었다.
'늘 가던 데 갈걸. 왜 새로운 데는 시도해가지고….'
투덜대며 피터의 친구들을 원망하기도 했다. 그러다가
좋은 날씨에 배 위에서 음악을 들으면서 바닷바람에
머리를 날리며 화사한 햇볕을 쬐니 내 몸에 광합성
작용이라도 일어났는지 불평이 금세 사라졌다.

중간쯤 갔을까. 조 박사의 얼굴색이 좋지 않았다.
간밤에 조 박사 생일 파티 겸 광란의 밤을 보냈는데,
그때 마신 샴페인이 뱃멀미로 나온 것이다. 조 박사는
토할 것 같으면 입을 손으로 틀어막고 바다를 향하는
배를 멈춰달라며 보트 운전사에게 손을 흔들어댔다.
어째 무턱대고 많이 마신다 했다.
'이를 어쩐담. 다시 돌아가야 하나….'
아무래도 안 되겠다 싶어 돌아가다가 무인도 같은
곳을 발견했다. 조 박사는 자기를 버리고 가도
괜찮다면서 내려주기만 하라고 아우성이었다.
우리는 일단 조 박사를 그곳에 내려줬다.
그 섬에는 주인이 있는지 없는지 알 수 없는 개
한 마리뿐이었다.
'조 박사 때문에 우리의 보트 트립을 망쳤네.'
그때 피터의 친구 카이가 그녀가 걱정된다면서 같이
내렸다. 그 섬에는 조 박사, 조 박사와 친하지도 않은
카이 군, 그리고 개 한 마리…. 이렇게 셋이 남겨졌다.
그 그림이 우스꽝스러웠다. 우리는 곧 그들을 데리러
올 것을 약속한 후 이상한 조합의 셋을 뒤로한 채
킥킥댔다. 우리가 탄 보트는 그들에게서 점점
멀어져갔다.

리나, 나, 엘리나.

섹오 비치에서.
with 세바스천, 해리.

준비해 온 도시락.

조 박사와 카이.

사우스베이 비치.

홍콩은 비치가 많아서 보트 트립이 흔하다. 보트 트립을 '트래시 정크 보트 트립 Trash Junk Boad Trip'이라고도 하는데, 말 그대로 낡아빠진 배 한 척을 빌려 바다 한가운데 띄워놓고 바다에서 수영도 하고 배 안에서 먹고 마시고 춤도 추고 놀기도 하는 것이다. 보통 아침 10시쯤 나가서 오후 5시 해 지기 전에 돌아오곤 한다.

보트 트립은 한국에서는 배를 가진 사람이나 상류층 사람이라야 할 수 있는 것처럼 인식되어 있는 반면에, 홍콩에서는 친구들끼리 돈을 모아서 한다. 한 사람당 300~500hkd(4~7만 원쯤)이면 쉽게 보트 트립을 즐길 수 있다. 이곳 홍콩 사람들은 매년 여름이면 휴가로 보트 트립을 계획하기도 하고 바다에서 생일 파티를 열기도 한다.

나의

홍콩 생활은

배웅하다

흘러간다

홍콩 역에서 한국에서 온 지인을 맞았다. 그 지인은 개그맨 김영철 오빠. 서로 안 지 어언 10여 년이 훌쩍 지났다.
영철 오빠와 나는 친남매처럼 가깝기도 하지만 티격태격 자주 싸운다. 또 그만큼 화해도 금방한다. 나보다 6살이나 많은 오빠는 가끔은 철이 없어 내가 잔소리를 하게 된다. 우리는 친구처럼 오누이처럼, 아니지 그냥 친구처럼만 잘 지낸다.
"오빤 나랑 동갑이거나 여자였으면 죽었어."
나는 이 말을 영철 오빠에게 입버릇처럼 자주 한다. 하하하, 오빠도 이 말을 인정.

홍콩 역에서 바로 에스컬레이터를 타고 올라가면 홍콩에서 제일 큰 쇼핑몰 IFC International Finance Center가 있다. 명품 숍부터 중저가 브랜드 숍, 그리고 카페들이 모여 있다.
그중에서도 내가 영철 오빠를 데리고 간 곳은 IFC 건물 가장 꼭대기에 위치한 또 하나의 핫 스폿 '레드Red'였다. 옥상에 위치해 전망도 좋고, 강을 보면서 커피나 칵테일을 즐기기도 좋다. 햇볕이 강한 날보다는 서늘한 바람이 부는 날이나 해 질 녘에 가면 분위기 최고다. 퓨어 피트니스센터와 같은 회사여서 퓨어 멤버십 카드를 가져가면 10~15퍼센트 할인된다.

영철 오빠를 위한 가이드를 목적으로 외출을 나선다.

칵테일과 맥주 한 잔씩을 주문하여 우리는 그동안 못 다한 이야기를 늘어놓기 시작했다.

"이번에 숙소 에어비엔비Airbnb로 알아보고 온 거거든. 그 집주인이 미국인인데… 어쩌고저쩌고….'
"에어비엔비? 어? 오빠 그거 어떻게 알았어? 그거 사람들 잘 모르던데."
"왜? 난 알면 안 돼? 기분 나쁘다."
"아니 나도 그거 최근에 알게 됐거든. 그래서 어떻게 알게 됐냐고, 내 말은~."
"너, 니가 생각하는 제일 어려운 영어 단어 아무거나 대봐!"
"갑자기 왜~!!"
"암튼 얘기해봐, 얼른!"
"음… Flexibility… 음… 또…."

"어? 너 그거 어떻게 알았어?"
"헐… 참 나…. 그게 뭐야. 그게 이거랑 같아? 내가
잘난 척한 거냐? 사람들이 모르는 어플 오빠가
알길래 그래서 그런 거 아냐!"
"됐어! 그거나 이거나 니가 나 무시한 거 아냐!"
"오빠 자격지심 아냐? 어처구니가 없다, 진짜…."

왜 싸우는지도 모르는, 유치하기 짝이 없는 대화….
하지만 영철 오빠는 여름에 오고, 가을에 또 오고,
만나면 어김없이 싸우면서도 또 왔다….

송은이 언니가 홍콩에 왔다. 크리스마스를 나와
함께 보내주겠다더니만 공기가 안 맞는지 감기에
걸리셔서, 내가 죽까지 만들어 먹이고 나에게 수발만
받다가 일정보다 하루 앞당겨 한국으로 돌아갔다.
괜찮은지 궁금해서 한국으로 전화했더니 자기가
거기 간 적 있었냐며, 꿈인 것 같다며, 기억조차 하고
싶어 하지 않았다. 나도 언니와 함께 있었던 곳이
한국이었는지 홍콩이었는지 헷갈릴 때가 있다.

란 콰이 펑에서.

한국에서 엄지원 언니가 놀러 왔다. 아니, 먹으러 왔다. 우리는 하루 여섯 끼를 꼬박꼬박 먹고, 홍콩의 야경은 뒤로하고 홍콩까지 통째로 삼킬 기세로 야식을 먹고 또 먹었다.

아나운서 박지윤 언니와 김성은이 큰 가방을 들고 놀러 왔다. 엘리베이터 없는 집인 줄 진작 알았다면 큰 가방을 안 들고 왔을 거라고 투덜댔다. 두 여자는 사진을 찍고 또 찍었다. 사진만 2만 장 찍고 갔다.

소호 거리에서
우연히 만난 유진
언니와 혜영
언니(박재훈 부인).

다 시집가고 나와 둘만 미혼으로 남은 중학교 동창 H양이 놀러 왔다.
대학 선배 치영 선배가 왔다.
마니조가 한 번 더 정현 언니, 비카스 형부와 놀러 왔다.

배웅 또 배웅…. 그렇게 배웅하다가 내 홍콩 생활은 흘러갔다….

치영 선배와 지선.

H양.

마니조와 정현 언니.

그들을 떠나보낼
때의 나의 뒷모습은
저랬구나…. 엄지가
찍어서 보내준 사진.
뭔가 외로움이
느껴진다.

엄마의 방문

이번 주 홍콩 들어갈 때는 다른 때보다
조금 더 긴장되었다. 아니, 신경이
쓰였다. 우리 배 여사님을 모시고 가기
때문이었다.
나의 엄마 배 여사님은 이번 홍콩 방문이
처음이고, 아버지와 나와 함께 2년 전
결혼 34주년 기념으로 갔던 일본 여행
이후로 두 번째로 비행기를 타시는
것이었다.
딸이 타지에 혼자 살아 늘 불안해하시며
당신이 꼭 딸 집에 와봐야 한다고
하시더니, 그래놓고 우리 딸 비행기 표
값이 더 든다고 안 오신다고 했다가,
오신다고 했다가, 또 안 오신다고 했다가
하셨다. 나보고 어쩌라고…. 긴 설득
끝에 어차피 한번은 오실 거 모아둔
마일리지가 있어서 택스만 내면 된다고
했더니 마음의 짐이 가벼워졌는지
그제야 냉큼 오신다고 했다.
일단, 배 여사님은 영어를 아예 못하시는
관계로 행여 길을 잃으면 큰일 난다.
집에서 피자를 배달시킬 때 '라지' 시켜
먹자 하면 엄마는 피자는 '밤'에 시켜
먹자 하신다. '라지'를 '낮에'로 들으시고
그런 것이다. 영어인지 한국어인지도
구분 못 하신다.

엄마와 나는 저녁 비행기를 탔다. 홍콩에
도착하니 자정이 지나 있었다.

"일레이간 가이(Elgeen Street)~."

택시 기사에게 내가 사는 집 골목을 설명했다. 홍콩이 영어권이기는 하나 나이 드신 택시 기사분들은 대부분 영어를 잘 못하신다. 그래서 가끔 화까지 내신다. 자기한테 영어 하지 말라고. 그래서 자기가 사는 곳과 자주 가는 동네 길 이름 정도는 광둥어로 외워두는 것이 편리하다.
내가 사는 곳 엘진 스트리트는 광둥어로 '일레이간 가이'라고 한다. 엘진이 '일레이', 스트리트(街)가 '가이'인 것이다. 길 이름은 뒤에 '가이'만 붙이면 된다. 혹시 모르니 엄마에게는 '일레이간 가이'를 연신 외우게 했다.

"일레이간 가이, 일레이간 가이, 일레이간 가이…."

딸이 타지에서 어떻게 살았는지 궁금하셨던 엄마는 내 방을 보고 살짝 비꼬셨다. 니가 어떻게 이렇게 작은 데서 사냐고. 한국에서의 나는 늘 큰 집, 넓은 집을 고집했었다.
엄마를 따라 나도 내 방을 다시 보았다.
'남편도 자식도 없는 여자가 뭔 짐이 이렇게 많냐. 타지에서 혼자 사는 딸 집을 둘러보면서 엄마는 마음이 어떠실까? 아프실까? 하긴 가족 있는 집을 떠나 타지에서, 그것도 여자 혼자 살아가는 게 누가 봐도 쉬운 일은 아니니까.'
짐을 풀기가 무섭게 엄마는 고무장갑부터 끼셨다.

"아이 좀 내비둬. 나중에 내가 할게. 뭐가 급해서

오시자마자 일을 해~. 일주일이나 있다가 갈 건데. 그리고 내가 뭐 일하라고 엄마를 불렀나. 엄마 파출부 아니거덩~."

엄마를 나는 말려보지만….

"바로바로 해야지. 잔뜩 쌓아놓으면 어떡해. 엄마는 이게 좋아. 이런 거 해주고 싶어서 온 건데 뭐. 넌 공부나 해. 난 내 일 할라니까."

말은 말린다고 하지만 엄마가 해주니 너무 편한 건 사실이었다. 괜히 미안하니까 말리는 척이라도 했던 것이다.
혼자 있을 땐 약해지면 안 된다고 생각해 규칙적인 생활을 하는 등 스스로를 강하게 훈련시켰는데, 엄마가 오는 순간부터 마음이 편해졌는지 늦잠에 수업도 가기 싫고 숙제도 하기 싫었다. 몇 달간 지켜왔던 독기 어린 내 각오들이 무너지고 있었다. 이래서 혼자 일어서는 법을 배워야 하는 건가.
'그래, 이번 주는 놀자. 엄마도 왔잖아. 엄마랑 놀아드리는 게 더 좋을 거야.'
엄마를 이용해 합리화해본다. 헤헤.

다음 날 일어나보니 구수한 된장찌개 냄새와
부엌에서 나오는 딸그락 소리가 작은 방 안에
가득 차 있었다. 요리하는 냄새와 요리하는 소리가
드라마처럼 달콤하게 내 아침을 깨워주었다.
'아. 행복이 별거냐. 바로 이런 게 행복이지.'
5달러, 10달러짜리 빵으로 한 끼 때우거나 찬밥에
남은 김치로 김치볶음밥이나 해 먹다가 갑자기
진수성찬을 보니 목이 메어왔다.
엄마랑 단둘이 오손도손 따뜻한 흰밥에 찌개 한 순갈.
눈곱도 안 뗀 채로 이불 속에서 뱀처럼 기어나와
숟가락을 들었다.

"엄마 오니까 좋지?"
"당연하쥐~. 아, 너무 맛있다~. 음냐음냐."
"에이~, 가정부 와서 좋은 거 아니고?"
"엄마는 그걸 말이라고 해!?"
"하하하하하."

딸은 엄마와 함께여서 좋고, 엄마는 딸과 함께여서
좋고~~. ^^

엄마와 나,
천사와 악마 사이에서

인터넷 속도가 어찌나 느린지. 무슨 공연 티켓 한 장
예매하는 데 한 시간씩 걸리니 원. >.<
내일 엄마와 마카오에서 하는 '하우스 오브 댄싱
워터House of Dancing Water' 공연을 보기 위해 아침부터
노트북랑 싸움 중이었다. 노트북은 한국에서 송은이
언니에게 빌려 온 것인데, 무선 와이파이를 잡아
인터넷을 하려니 좀처럼 진행이 빠르지가 않았다.
도저히 안 되겠다 싶어 공연 업체로 직접 관람에
대한 질문을 담아 이메일을 보냈다. 다행히 그쪽에서
카드로 쉽게 예매할 수 있는 공식 사이트와 다른
안내문을 보내와서 드디어 예매를 할 수 있었다.
'헐…. 뭐가 이리 비싸! VIP석 1,480hkd(약 20만 원),
C석 580hkd(약 8만 원). C석이라도 두 명이니까 16만 원
없어지는 거 순식간이네. 아… 너무 비싼데. C석?
그냥 보지 말까? 뻔한 공연일 거야.'
이렇게 생각하는 순간! 갑자기 천사가 나와 내 왼쪽
귀에 대고 속삭였다.

"신발이니 옷이니 가방이니 10~20만 원은 쉽게
쓰면서 이까이 꺼 하나 엄마를 위해 못 써?
"아냐…. 나 요즘 힘들어. 맨날 싸구려 빵으로 끼니
때우잖아. 게다가 타지에서 잘 버티려면 돈을 좀
아껴야 해!"

나쁜 놈의 악마가 어느 틈에 나와 내 오른쪽 귀에
대고 맞받아친다.
'으윽…. 그래! 결심했어! 그까이 꺼 10달러짜리 빵
200번 더 먹자! 가는 거야! VIP석 클릭!!!'
사실 엄마보다 내가 더 기대되었다.

학원에 갈 시간이 되어 집을 나서려는데, 발이 쉽게
떨어지질 않았다. 엄마는 집 주변도 모르고 길도
모르고 영어도 못하시니 학원 가는 데 40분, 오는 데
40분, 수업 듣는 시간 5시간은 꼼짝없이 방 안에만
계셔야 했기 때문이다. TV도 없는 방에서 말이다.

"엄마! 나랑 같이 학원 갈까? 나 수업 들을 때 로비에
있으면 쉬는 시간마다 내가 내려갈게."
"아이구야, 됐어. 엄마 괜찮아. 집에서 한숨 자면
시간 금방 가. 걱정 말고 빨리 가기나 해. 뭔 일 있음
전화할게. 한국에서 걸 때랑 똑같이 하면 되는 거지?"
"진짜 괜찮아? 안 심심해? 안 무서워? 나 오늘 그냥
학원 가지 말까?"
"뭐가 무서워. 벌건 대낮인데. 쓸데없이 돈 낭비 말고
어여 갔다 오기나 해. 라디오나 있으면 틀어놓고
가든가."

아, 맞다. 음악이라도 있으면 좀 낫겠다 싶어
내 아이패드로 트로트 음악을 틀어드리고는 불편한
마음으로 겨우 문밖을 나섰다.
수업 내내 엄마가 걱정되어서 도무지 수업에 집중이
되질 않았다.
수업 중에 문자 벨이 울렸다. 엄마였다.

[딸 어디여 바깨 비와 우산업산아]

늘 오타가 반이지만 나는 안다. 난 엄마가 걱정되는데
엄마는 또 딸 걱정이다.

[괜찮아요. 지하철역에서 가까워.
금방 뛰어갈게.]

한국이었으면 우산 들고 역 앞으로 나오셨겠지만
이곳에서 그러다간 실종되기 십상이니까.

엄마를 위한 마카오 여행

전날 인터넷으로 예매한 '하우스 오브 댄싱 워터'를 드디어 보러 간다. 마카오로. 홍콩 여행 하면 빠질 수 없는 여행지 중 하나가 마카오 아니겠는가.
엄마에게 마카오에 가자고 했더니 엄마는 나쁜 데는 가지 말자며 그런 데는 위험하다고 했다. 엄마가 아시는 마카오는 도박하러 가는 곳.
'배 여사 귀여브시다.'

센트럴에서 천천히 걸으면 25~30분 걸리는, 성완 역에 있는 '마카오 페리 터미널'에서 배를 탔다. (주룽 반도 침사추이에서도 마카오 페리를 탈 수 있다.)
성완 마카오 페리 터미널에서 배를 타면 마카오에 도착하기까지 50분에서 1시간이 걸린다. 페리는 24시간 운행하며 15분 간격, 한밤중에는 30분 간격으로 수시로 다니니 예매할 필요는 없다. 단, 출발 30분 전까지만 티켓을 판매한다. (성수기에는 미리 예매하는 것이 안전하다. 간혹 매진되어 다음 배편 시간까지 기다려야 할지도 모른다. 다음 배편의 티켓이 있다면.)
여기서 중요한 것. 홍콩에서 마카오로 넘어갈 때는 여권이 반드시 필요하다. 마카오와 홍콩은 같은 중국령이기는 하지만 오랫동안 조차지(다른 나라에 주권을 임대한 지역)였다. 홍콩은 영국의 식민지, 마카오는 포르투갈의 식민지로 100여 년간 있었고, 각각 1997년과 1998년에 중국에 반환되었다.
홍콩 사람들이나 마카오 사람들은 홍콩과 마카오가 중국에 속해 있긴 하지만 자신들은 중국인이란 생각보다는 홍콩 사람, 마카오 사람이라고 생각한단다. (홍콩 가이드의 말을 빌림.) 그래서 외국을 가는 것처럼 여권을 검사하는 것이고, 중국 본토인들이 홍콩이나 마카오로 무분별하게 이주하는 것을 막기 위한 목적도 있다.

바닷물이 출렁이는 걸 보며 뱃멀미 대신 졸음이 쏟아져서 입을 벌리고 골아떨어진 사이 어느새 마카오에 도착했다.

마카오에서는 홍콩 달러가 마카오 화폐와 일대일의 환율로 통용된다. 그리고 홍콩을 거쳐 오는 관광객이 많아 홍콩 달러도 쓸 수 있기 때문에 굳이 환전을 하지 않아도 된다. (그러나 마카오 화폐는 홍콩에서 받지 않으니 잔돈 남기지 말고 잘 쓰고 오자.) 마카오의 교통수단으로는 물론 버스와 택시가 있다. 그러나 원하는 목적지가 호텔과 가깝다면 가장 가까운 호텔의 셔틀버스를 이용하는 것이 좋다. 안전하고, 무료이니 돈도 아낄 수 있다. 페리 터미널을 나와 지하도로 내려가서 길을 건너면 각 호텔의 셔틀버스가 기다리고 있다. 호텔 카지노를 이용하는 대부분의 손님들을 위한 서비스다. 서너 명 이상이면 오히려 택시가 더 수월할 수도 있겠다. 참고로 버스를 이용할 때에는 잔돈을 미리 준비하는 게 좋다. 홍콩이나 마카오 버스는 버스비를 절대로 거슬러주지 않는다. 그러니 항상 잔돈을 준비해 가지고 다녀야 억울한 일을 당하지 않는다. 처음에 모르고 20hkd짜리 큰 지폐를 내고도 거스름돈을 돌려받지 못했을 때 진짜 너무 억울하고 아까웠다.

마카오에는
에그 타르트가 있다

홍콩 하면 빼놓을 수 없는 디저트가 바로 '에그 타르트'이다. 그러나 에그 타르트를 여기저기서 많이 먹어본 바로는 홍콩보다는 마카오가 갑인 듯하다. "마카오 콜로안Coloane에서 에크 타르트를 맛보지 않았다면 콜로안을 가지 않은 것이나 다름없다." 이런 말이 있을 정도이다. (마카오 국제공항에서 콜로안행 26번 버스를 타면 콜로안을 갈 수 있다.) 마카오의 에그 타르트는 포르투갈식과 영국식 합작품으로 보면 될 것이다. 에그 타르트는 200년 전 포르투갈의 한 수녀원에서 처음 만들면서 세상에 알려졌다고 한다.

콜로안에 가면 '로드 스토우즈 베이커리Lord Stow's Bakery'라는 유명한 가게가 있다. 콜로안 버스 정류장에서 내려 아기 천사상이 있는 조그마한 공원을 지나 바닷가 쪽을 향해 걷다 보면 바로 보인다.
로드 스토우즈 베이커리는 1989년 처음으로 콜로안에 가게를 열었다고 한다. '에그 타르트가 거기서 거기지'라고 생각하면 오산이다. 나도 처음에는 다 똑같다고 생각했었다.
여기 에그 타르트는 다른 데 것들과 달리 바삭바삭 소리가 날 만큼 페스트리 겉이 누르스름하게 잘 구워져 있다. 그 안에는 푸딩 감촉의 부드러운

노란색 달걀 반죽이 들어 있다. 한입 깨물면 바삭하고 안이 너무 부드러워 입안에서 녹는다. 그 맛이…! 에그 타르트 때문에 마카오까지 간다 해도 절대 억울하지 않을 것 같았다.

콜로안에는 '성 프란시스코 자비에르St. Francisco Xavier'라는 성당이 있었다. 안에 들어갔더니 한국 최초의 신부이신 김대건 신부님의 사진과 역사를 알 수 있는 사진들을 볼 수 있었다. 이곳은 영화 〈도둑들〉에서 팹시(김혜수 분)와 마카오 박(김윤석 분)이 가짜 보석을 주고받는 장소로 이미 잘 알려져 있다. 성당 주위를 돌면 '학사 비치'가 있다. 일명 흑사 해변(검은색 모래 해변)이라고 불리는 이곳은 보기만 해도 왜 유명해졌는지 알 수 있다. 검은 해변만의 독특한 뭔가가 있다. 엄마와 바닷가 주변 길을 걸으며 여자들끼리 인증 샷!

VIP석에서 '하우스 오브 댄싱 워터'

코타이 스트립Cotai strip에 위치한 '시티 오브 드림스
호텔'에 도착했다. 눈이 부시도록 화려한 보석과
고가의 명품 매장이 들어서 있다.
로비를 따라 연결되어 있는 '하드 록
호텔Hard Rock Hotel'의 로비에는 진짜 인어
공주가 물속에서 헤엄치는 것처럼 느껴지는
'브이쿠아리움Vquarium'이라는 디지털 수족관이 있다.
나도 신기하던데 엄마는 얼마나 더 신기했을까.
엄니는 인어 앞에서 사진을 찍어달라셨다.
공연 시간이 되어 엄마와 나는 예약한 자리를 찾아
앉았다.

"이 자리 비싼 데 아니여? 우리 딸 거금 썼겠네~."

VIP석. 앞자리가 좋다는 건 엄마도
알 것이다. ^.^
하우스 오브 댄싱 워터는 말 그대로
물과 함께 하는 공연이어서 앞자리에는
각자의 수건이 준비되어 있었다.
'물이 생각보다 많이 튀려나 보다.
수건 준비 완료!'
블링블링 화려하고 섹시한 의상을
입은 남녀가 나와 줄을 타고 물속으로
덤블링을 하면서 공연은 화려하게
시작되었다. 바이크를 타고 불 속을
통과하고, 게다가 그냥 공연만 하지
않고 나름대로 스토리가 있는 연극도
접목시켰다. 대사 없이 눈빛 연기와
몸짓만으로 물, 불과 함께 보여주는
서커스 같은 공연은 정말 아름다웠다.
감동을 받기에도 충분했다.
물이 잔뜩 튀어 옷과 머리까지
젖으면서도 엄마 얼굴에서는 미소가
끊이지 않았다. 너무 재밌고 멋있다며
보여줘서 고맙다고 공연을 보다 말고
내 귀에 속삭이셨다.
엄마가 기뻐하니 나는 뭐 더할 나위
없이 행복했다. 공연 보길 잘했다
생각했다. 궁디팡팡!

퓨어 카페에서
엄마와.

베프가 된 엄마와의 데이트

"엄마 나가자~. 옷 사줄게. 예쁘게 입고 우리 남자 꼬시러 가자. 크크."
"얘가 지금 그게 무슨 소리야. 아이고, 웃겨 죽겠네."

엄마와의 마지막 날인 오늘, 나는 엄마랑 쇼핑하고 싶어 장난을 쳤다. 나 혼자 비싼 브랜드 옷을 입는 동안 엄마는 시장 옷만 입으니 모처럼 큰맘 먹고 옷 한 벌 사드리고 싶었다. 고급 백화점은 아니어도 다른 모녀들처럼 단둘이 쇼핑하면서 시간을 보내고 싶었다.
'환갑을 넘기신 배 여사님의 스타일을 어떻게 바꿔볼까?'
백발조차 자기 스타일로 만드는 할머니 할아버지들처럼, 나는 나이 의식하지 않고, 남들 눈 신경 쓰지 않고 화려하고 멋지게 하고 다니는 엄마로 스타일을 바꾸고 싶었다.
일단 쇼핑몰 매장에 모시고 가서 위아래 내 맘대로 골랐다. 엄마는 고개를 절레절레 흔드셨다.

"안 입어! 이게 뭐야. 너나 입어! 무슨 거지 같고만."
"엄마. 이럴 때 아니면 이런 옷을 언제 입어. 오늘만~, 응? 그리고 나중에 내가 입을게."

꽃무늬 바지에 흰 재킷이면 그래도 얌전한 옷

고른 건데 엄만 야하다고 하셨다. 머리를 만지고
메이크업을 하는 것으로 엄마의 변신이 끝났다.

엄마와 드레스 업하고 간 곳은 바로 '세바Sevva'라는
곳이었다. 센트럴 중심에 위치한 프린스 빌딩 건물
25층 꼭대기에 있는 바이다.
이곳은 드레스 코드가 까다롭다. 반바지는 물론이고
관광객처럼 등산복이나 트레이닝복 차림으로는
입장할 수 없다. 당연히 엄마와 나는 누가 봐도
티 나게 한껏 멋을 냈으니 입장 가능했다.

네온사인과 빌딩 불빛만으로도 홍콩의 밤은 유명하다. 세바의 야외 테라스에서 네온사인과 불빛으로 가득한 홍콩 시내의 밤을 내려다보는데, 마치 홍콩 시내 한복판에 서서 화려한 불꽃놀이를 구경하는 기분이었다.
테라스에서 야경을 한껏 감상한 후 실내 한쪽에 자리 잡았다. 우리는 예약도 하지 않았을 뿐더러 테라스 테이블은 주말이면 사람들로 꽉 차 있으므로 고급 샴페인이나 와인 보틀bottle을 주문해야만 테이블에 앉을 수 있었다. 이런 이유로 테라스 테이블은 누가 사줄 때 말고는 앉아본 적이 없다.

"Can we order two house red?"

하우스 레드 와인 한 잔씩을 주문했다. 우리 딸이 영어를 이리 잘하는지 몰랐다, 멋지다, 유학하는 보람이 있다면서 엄마는 감탄에 감탄을 하셨다.
'아놔~ 이 정도는 전에도 했었는데….'
엄마와 단둘이 와인을 마셔보는 것도 처음이요, 엄마와 술을 마시러 바에 온 것도 처음이었다.

"내가 딸 덕분에 이런 데를 다 와보네. 와인도 마셔보고."

한껏 꾸미고 외출하니 당신도 설렌 것이 분명했다. 너무 행복해하셨다. 엄마도 여자였다. 우리의 엄마와 아빠의 아내이기 전에 여자였다. 이깟 게 뭐라고 지금껏 나 혼자 재밌는 곳, 비싼 곳, 멋진 곳에 다녔는지…. 괜히 죄책감이 밀려왔다.

"짠~~ 우리의 행복을 위해~."
"위하여~."

와인 잔을 부딪쳤다.

"아버지도 오셨으면 좋았을 것을…."

엄마는 계속 아쉬워하고 계셨다.
아버지는 정말 엄하시다. 아니 엄하셨다. 학창 시절에는 아버지와 대화 한두 마디 하기도 어려웠었다. '학교 다녀오겠습니다' 그리고 '학교 다녀왔습니다'. 이 두 마디가 하루에 아버지와 나누는 대화의 전부였다. 하나 더 붙이자면, '아버지 진지 드세요' 같은 보고의 말. 정말 옆집 아저씨보다도 대화가 없었고 무서우셨다. 자기 아버지와 장난치고 아버지에게 반말하는 친구들을 보면 너무 부러웠다. 나로서는 상상조차 할 수 없는 일이었다.
'어떻게 아버지랑 저렇게 대화하고 놀지? 나는 아버지를 아빠라고 부르기도 어려운데.'
집에 전화를 걸 때면 간혹 아버지가 받을 때가 있었다. 그럼 나는, 아니 나만 그런 것이 아니라 오빠도 전화를 그냥 끊어버렸다. 그러고는 엄마가 받을 때까지 다시 전화를 걸었다. 아버지랑 통화할 용기가 나지 않아서이다. 계속 끊는 전화가 오니 엄마는 금세 우리임을 눈치 채고 전화를 받으셨다. 그만큼 나는 아버지가 무서웠다. 학주(학생주임)보다 더 무서웠다. 집 안에 아버지랑 둘이 있을 바에야 차라리 교무실에 있는 게 나을 정도로.

그렇게 무서웠던 아버지가 언제부터인가 덜 무섭다. 세상에서 제일 강하고 무서운 호랑이라고 생각했는데, 점점 약해 보이고 작아 보이신다.

"니들은 맨날 '엄마 있어요? 엄마 좀 바꿔주세요'만 하냐!?"

전화하자마자 엄마부터 찾으니 이제는 서운하신가 보다.
이번 홍콩 여행도 함께하고 싶었지만 절대 안 오시겠다고 했다. 분명히 딸 돈이 아까워서 그러셨던 거다.

"아버지 안 오신다고 저 그 돈 저축 안 해요. 저 그럼 그 돈으로 비싼 가방 살 거예요."

말도 안 되는 말로 유혹하고 협박해봤다. 아차. 괜히 했다. 그냥 내 가방 사라고 하실 분인데….
홍콩으로 향하는 비행기 안에서 엄마가 나에게 흰 봉투 하나를 건네셨었다. 아버지가 비행기 안에서 혜정이랑 같이 보라며 주셨단다.

"함께하지는 못하지만 엄마와 좋은 추억 만들길 바란다."

봉투 안에는 짧은 메시지와 현금 20만 원이 들어 있었다. 맛있는 거 사 먹으라고 하시면서.
'아… 우리 아버지도 사람이셨구나.'

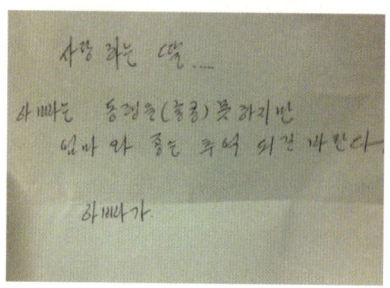

바늘로 찔러도 피 한 방울 나오지 않을 것 같은
분인 줄 알았는데 말이다. 표현하는 방법을 몰라서
못하셨을 뿐 누구보다 우리를 사랑하시는 게
확실했다.

와인이 약간 들어가니 우리 모녀는 조금 더
가까워졌다. 엄마의 젊은 시절 이야기, 엄마 친구들의
비밀 이야기, 아버지 젊은 시절 잠깐 말썽 피우셨던
이야기까지 나는 이날 생전 처음으로 많은 이야기를
들을 수 있었다. 하하하. 재밌다. 웃기다.
나 또한 보답으로 엄마에게 많은 이야기를 털어놨다.
삐그덕거리고 있는 나의 연애 이야기, 학창 시절
학원비를 가지고 몰래 삐삐 샀던 것, 거짓말하고 남자
친구랑 놀러 갔던 기억, 어린 시절 엄마가 아들인
오빠만 신경 써서 서운했던 것까지 다 커버린 지금
모두 털어놓았다. 엄마는 그렇게 아들만 예뻐하시더니
그래도 비행기 태워주는 건 딸이라고 엄마에게 생색을
냈다.
비밀이라면 비밀일 수 있는 서로의 이야기들을
공유하고 나니 모녀보다 더 가까운 진짜 모녀가 된
기분이었다. '베스트 프렌드'를 이제야 찾은 것처럼
나는 너무도 설레고 신이 났다.

엄마가 내게 뭔가 물어볼 때면 귀찮기도 하고 말해도
잘 모르실 거라 생각하며 성의 없이 대답하고
무시하는 마음도 있었는데, 이렇게 솔직하게 대화하고
나니 부모님과도 친구가 될 수 있다는 생각이 들었다.
한국 가서도 이런 자리를 종종 만들어야지.
웨이터에게 부탁해서 엄마와 내가 절친이 된 것을
기념하는 첫 번째 와인 파티 인증 샷을 남겼다.
'베프'가 되기로 약속한 우리는 나의 야식 코스
'에빈니저Ebeneezer'를 들렀다. 에빈니저는 케밥
식당이다. 케밥은 얇게 썬 닭고기, 양고기, 소고기
따위를 긴 꼬치에 꿰어서 숯불에 구워낸 고기 중
취향에 맞는 것과 드레싱을 골라서 밀가루 빵에
롤처럼 싸서 먹는 터키의 전통 음식이며 대표
음식이다.
늘 혼자 먹던 케밥을 엄마와 먹으니 더 맛있었다.
오늘은 엄마와 오셨냐면서 자주 보는 식당 매니저가
인사를 건넸다.

엄마와 보내는 홍콩의 마지막 밤, 오랫동안 답을
몰라 헤맸던 내 안의 숙제를 끝낸 것 같아 마음이
뻥 뚫리고 시원해졌다.

세바.

에빈니저.

part 4

에스텔라 보의 친구들

홍콩에서 친구 사귀기

대학 시절 같은 과 친구였던 지선이에게서 연락이
왔다. 서일대 연극영화과 심지선 양. 대학 때 같이
놀던 무리는 아니었으나 종종 어찌 사는지 연락을
하곤 하는 친구이다.
그녀는 10년 전 영국인 남편과 결혼을 하여
오스카라는 예쁜 아들까지 두었다. 아 이 부러운
친구. 아! 내 말은 결혼을 일찍 하여 남편, 아들과
가정을 빨리 이룬 것이 부럽다는 것이다. 게다가
그녀는 남편의 적극적인 서포트로 3년 전 '캐세이
퍼시픽'의 승무원이 되었다. 집과 회사는 런던이지만
홍콩으로만 비행한다. 아, 이것도 부럽다.
나의 홍콩 생활은 지선이로 인해 변했다고 해도
과언이 아니다.
오랜만에 연락이 된 그녀에게 나는 홍콩으로 왔다는
소식을 알렸고, 소호에 있는 퓨어 카페에서 만났다.
대학 시절 꽤 통통했던 그녀는 살도 빼고 멋진
영어 실력으로 나타났다. 늘 그랬듯 그녀는
잘 웃고 사회성이 좋으며 밝은 친구였다. 무엇이든
적극적이고 활동적인 아이였다.
'나도 한 밝음 하던 아이였는데…. 외로운 타지
생활로 빛을 잃었구나….'
그녀 앞에서 나는 병든 닭처럼 느껴졌다. 우리는 대학
시절의 이야기로 시간 가는 줄 몰랐다. 그녀는 나에게
친구를 많이 사귀라고 조언해주었다.

"그걸 내가 몰라? 어떻게 친구를 만드는지
모르니까 그렇지. 지나가는 사람보고 '저랑
친구하실래요?'라고 물어보냐? 너처럼 뻔뻔하지도
않을뿐더러 나 은근히 낯 가리잖냐."

타지에서 쓸쓸한
나에게 힘이
되어주던 지선이.
자칭 여자 '봉태규'.

지선이가 아들
오스카와 함께 내가
새로 오픈한
카페펩에 방문했다.
at 무아펑츄어.

이렇게 말하고 카페를 나서는데, 내 등짝에서
'짜악~!!' 하는 소리가 났다. 지선이가 내 등짝을
힘껏 때렸던 거. 너무 아파서 눈물이 나려고 했다.

"이년아, 쫌 웃으라. 카페 직원이 잘 가라고 인사
안 하나. 이년아, 손이라도 쫌 흔들라카이. 쫌!"

멋지게 영어로 말하던 것이 갑자기 부산 사투리를
써가며 나에게 잔소리질이었다.
'사실 그렇다…. 웃어주는 게 참 힘들더이다.
웃어주면 괜히 오해할 것 같고, 착각할 것 같고, 나를
우습게 볼 것 같고, 또… 음… 쉽게 볼 것 같고, 음…
또… 들이댈 것 같고…. 암튼 싫다. 한국 여자 깔볼까
봐 그러나? 아 모르겠다. >.<'

"니 그래서 이웃들하고 참 잘도 지내겠다. 이래가꼬
뭔 친구를 사귀노? 영어 할라믄 대화를 해야 할 거
아이가! 벙어리처럼 입 처다물고 있다가 내 만나믄
한국말이나 실컷 처하고 언제 영어 할래?"

그 말도 맞다. 학원에서 잠깐 수업할 때 말고는 입을 열어본 적이 없는 것 같았다.
'아… 맞아. 그럴 거면 뭐하러 여기까지 왔나. 그냥 한국에서 인터넷 수업이나 듣지. 뭐하러 돈 처들여서 이곳까지 왔나 몰라. >.<'

"알았어~. 차차 나아지겠지. 다음에 다음에…. 내가 알아서 할게."

이렇게 얼버무리고는 일단 피했다. 지금 당장 고칠 수 있는 것도 아니기 때문이다.

집에 가는 길에 지선이가 나를 또 어디론가 끌고 들어갔다. 나의 집 바로 맞은편에 있는 '포스토 퍼블리코 Posto Pubblico'라는 이탈리안 레스토랑이었다. 문을 닫을 시간이었는지, 매니저인지 직원인지 둘이서 마감 준비를 하고 있었다.

"문 닫고 있잖아. 그냥 가자. 담에 가자. 일단 집에 가자."

지선이를 끌어내보지만 내 말은 듣지도 않고 막무가내였다.
그녀가 뭐라 뭐라 그들과 영어로 대화를 하더니, 그들이 괜찮다고 들어와도 좋다고 했다.
'아무리 내가 영어를 못해도 저 정도는 알아듣지.'
그녀는 그들에게 적극적으로 나를 소개했다. 이 친구 내 한국 친구인데, 나의 집을 가리키며 요 앞에 이사 온 지 얼마 안 됐다면서 앞으로 친하게 지내라고,

내 친구 이름은 '에스텔라'(나의 영어 이름이며 팬클럽 이름이기도 하다)라고 했다.
'아, 너무 민망하다. 이 기분은 뭐지? 쟤, 첫날 출석한 유치원에 따라와서 친구들한테 내 딸이랑 친하게 지내라며 치맛바람 날려주시는 엄마 같다.'
아무튼 너무 창피했다. 어떻게 해야 할지 몰랐다.

"싫어, 싫다고! 빨리 나가자! 내 이름은 또 뭐하러 말해! 그리고 집은 또 뭐하러 알려줘! 우쒸! 아 빨리 나가자!"

그런데 갑자기 한국말이 들렸다. 그다지 정확한 발음은 아니었지만.

"저기… 한국말 하지 마세요. 제가 알아듣거든요, 하하."

'헐… 뭥미…. 분명 한 명은 블랙 가이, 또 한 명은 한국인 같지 않은데….'

"한국분이세요?"
"엄마가 한구뿌니세요. 조는 홍콩에서 태어나꼬요. 홍콩에서 20년 정도 사라서 한꾸말 잘 모태요. 근데 웬만한 거 다 아라드려요. 그러니 조시마세요, 하하하."

순간 내가 뭐 말실수한 게 없는지, 욕은 안 했는지 생각했다. 휴~.
그의 이름은 'SJ', 한국 이름은 김선종이란다. 블랙 가이는 '존'. 이 레스토랑의 매니저였다.
처음의 민망함과 어색함은 다 어디 가고 우리는 어느새 한국이라는 단어로 가까워져 웃으며 인사까지 나누면서 식당을 나왔다.

"후, 땀 난다. 야 하필 한국인이냐. 암튼 웃기다야."
"그 봐라. 다 착한 사람들이다. 너무 사람 가리지 말고 인상 쓰지 말고 웃고 댕기라. 좋은 이웃사촌 생겼다 생각하레이."

그 후로 나는 아침이면 학원 가는 길에 가게 문을 여는 존과 "Hi! Good morning~" 하는 친구가 되었으며, 저녁에는 가게 마감하는 SJ와 "How are you? See you" 하는 이웃사촌이 되었다.

길 위의 소냐,

우연이 불러온 인연

보통 수업이 끝나면 딱히 할 일이 없으므로 버스나 트램을 이용하지 않고 일부러 걸어다니며 주변을 둘러보고 이곳저곳 다녀봤다. 집에서 혼자 공부하고 숙제하는 것도 하루 이틀이지, 친구도 없으면서 마냥 돌아다니고 사람을 만나고 싶었다. 그래야 입을 열 수 있기도 했다.

나의 대학 동기이자 홍콩 남친 지선이(고맙게도 남자 친구처럼 나와 데이트를 해주므로 이런 애칭으로 부른다)는 홍콩에 비행이 있을 때만 런던에서 날아와서 그녀가 홍콩에 없는 날은 나 혼자 보내야 했다. 지루하기 짝이 없었다.

가죽 가방 전문점 쇼윈도 앞에서 갖고 싶은 가방들을 침을 흘리며 구경하는데 누군가 나를 불렀다.

"혹시 황보 씨 아니세요? 여행 오셨나 봐요?"
"아… 네… 안녕하세요."

여느 홍콩 사시는 예쁘장한 주부이거나 미혼인 한국 여자분인 줄 알고 팬과 인사하듯이 수줍게 인사를 받았다. 혼자 지낸 지가 좀 되다 보니, 순간 지인을 만난 건 아닌가 하고 기대했는데 조금은 실망이었다. 기대감이 실망감으로 바뀌고 있는데 그녀가 한마디 더 건넸다.

"동영상 잘 봤어요. 〈하나님의 음성을〉이라는 CCM 부르시는 거. 그거 보고 너무 감동받았어요. '컴패션'도 하시고. 봉사 활동 많이 하시는 모습 보기 좋아요. 이틀 전인가 검색하다가 우연히 동영상을 봤는데, 이렇게 길에서 우연히 만나다니 정말 신기하고 반갑네요. 그래서 저도 모르게 알은체했어요. 편히 여행하시는데 제가 불편하게 했다면 미안해요."

한 기독교 프로그램에서 그 CCM 복음성가를 몇 년 전에 부른 적이 있는데, 그것을 두고 말씀하시는 것 같았다. 컴패션도 기억해주시고. 같은 크리스천이라면서 매너 있게 알은척을 하는 그녀가 왠지 불편하지만은 않았다. 그리고 이렇게 지적이고 매너 있는 팬을 만나기도 생각보다 쉽지 않았다. 뭔가 내 맘을 알아주는 언니처럼 그녀에게서 따뜻한 배려가 뿜어져 나왔다.

"아니예요, 오히려 알은체해주셔서 고마웠네요. 여기 사시나 봐요?"
"네 결혼해서 홍콩에 산 지 벌써 8년째네요. 주변에 지인도 많으시겠지만, 그래도 혹시나 도울 일 있으면 저 이 근처 센트럴에 사니까 연락주세요. 편하게."

그렇게 그녀가 나에게 명함을 건넸다.

나의 두 번째
시크릿 바
'르보드와'에서,
언니가 분위기 좀
있게 찍어달란다.

'Designer Sonia Park'. 그녀의 이름은 소냐 박, 센트럴의 윈덤 스트리트Wyndham Street에 있는 미용실 '토니 앤드 가이Tony & Guy' 미용실 헤어디자이너였다. 홍콩 남자와 결혼하여 루카라는 2살배기 아들, 시부모님과 이곳 홍콩에 살고 있었다.

혹시 몰라 명함에 있는 그녀의 전화번호를 내 휴대폰에 저장했었는데 자동으로 그녀의 카톡에 업데이트되었는지, 그녀는 잘 지내냐 홍콩 생활 괜찮냐며 걱정하듯 문자를 보내주었다. 그녀의 문자는 외로운 나의 홍콩 생활에 위로가 되어주었다. 언니처럼 이웃처럼 채팅 친구처럼 문자만 주고받던 우리는 드디어 함께 브런치를 먹기로 했다.
'잘 모르는 사람인데… 괜찮겠지? 착해 보이고 매너 좋은 사람 같기는 한데…. 왜 나한테 이렇게 잘해주지? 연예인이라 그런가? 뭘 부탁하려나?'
만나기로 약속까지 해놓고도 온갖 쓸데없는 생각과 의심에 안절부절못했다.
'피해망상도 아니고 원. 내가 겁을 먹었나?'
연예인 생활 길다면 긴 14년. 그동안 겪은 일들을 생각해보면 작은 일에도 의심이 생기는 게 당연했다. 사기도 당해보고 별의별 꼴을 다 겪었었다. 사람이 가장 무서웠다. 그런데도 한국이었으면 있을 수도 없고 아예 시도조차 하지 않았을, 잘 알지도 못하는 사람을 만나다니! 뭐에 홀린 듯 내 뜻과는 상관없이 나는 연예인이 아닌 일반인이 되어 잘 알지도 못하는 그녀를 만나기 위해서 약속 장소로 나갔다.
홍콩 지리에 어두운 나를 위해 그녀가 마중 나와 있었고, 횡단보도 건너편에서 나를 보자 손을 흔들어

엎어지면 코 닿을
곳에 있는 언니
숍과 나의 집. 나의
집에서 뒹굴거리며
수다를 떠는 시간이
가장 편안한
휴식이었다.

점심시간에 나의
집에 들러 함께
밥 먹어줄 사람이
생기니 좋았다.

자기 위치를 알렸다.
우리는 오랜만에 연락된 동창처럼 서로 너무
반가워했다. 길에서 처음 보고 문자로만 얘기하곤
해서 어색하고 불편할 줄 알았는데, 걱정과는 달리
편안했고 마음 맞는 새로운 친구가 생긴 것처럼
기뻤다.
호주에서 12년 넘게 살다가 이곳 홍콩으로 넘어온
소냐 언니의 인생과 가족 이야기가 이어졌다. 나는
또 내가 왜 홍콩으로 오게 됐고 어떻게 지내고
있는지 시시콜콜 털어놓았다. 우리는 그렇게 각자의
이야기를 나누면서 스스럼없이 가까워지고 있었다.

언니의 헤어숍은 내가 사는 집에서 에스컬레이터를
타고 조금만 내려가면 되는 곳이어서, 수업이 끝나면

잡지에 실릴 정도로 홍콩에서 유명한 소냐 언니.

일하고 있는 소냐 언니. 학원을 마치고 집에 들어가는 길에 언니 숍에 들르곤 했다.

집에 가는 길에 들러 차도 마시고 수다를 떨기도 했다. 언니는 쉬는 시간에 나의 집에 올라와서 내가 차린 밥상에 숟가락 하나 더 올려놓고 같이 식사를 하기도 했다. 그렇게 나는 나보다 7살이나 많은 소냐 언니와 베스트 프렌드가 되었다.
언니도 남편을 따라 타지에서 오래 살았다지만, 친정 식구들과 오랜 기간 떨어져서 살다 보니 지금도 가끔 외로움을 느꼈다. 외로운 우리는 서로의 외로움에 위로가 되었다.

언니와 내가 자주 가는 우리만의 아지트가 있다. '티보Tivo'. 해피 아워에 자주 이용한다. 언니와 만날 때는 약속 장소를 굳이 말하지 않고 시간만 정한다. 란 콰이 펑 한복판에 위치한 티보는 문으로 확 트여

우리의 아지트
'티보'에서.

있어 답답함을 느낄 수 없다. 커피와 와인, 피자
그리고 해피 아워 시간에 제공되는 무료 핑거
푸드까지 한 사람당 4ohkd(약 5천 원)면 여기서 배불리
먹을 수 있다. (홍콩은 수입 와인에 택스를 붙이지
않아서 가격이 저렴하다.)
티보의 바로 입구 가장자리에 나무로 만든 넓은 원형
테이블이 있었는데, 늘 우리의 자리였다. 와인이나
커피를 마시면서 지나는 사람들을 구경하기에
이만한 자리가 없었다. 사람 구경은 언제나 재미있지
않은가. 지나는 사람들은 소냐 언니와 나의 여유가
부러운 듯 쳐다보기도 했다. 가끔 한국인분들이
지날 때는 인사도 나누고….

더구나 바에서
국적 다른
사람들과 영어로
대화하다

"모하노~ 느그 집 바로 아래다. 앤드류(호주 출신 파일럿이며, 지선이의 동료)랑 애들이랑 다 같이 있다. 방에 처박혀 있지 말고 나오래이~."

어떻게 알았지? 그렇다. 나는 집에서 EBS와 공부 중이었다. 학교 다닐 때 이리 했으면 서울대를 갔을라나.
참 내 친구 EBS를 소개하고 넘어가자. 이렇게 좋은 친구인지 예전에는 미처 몰랐다. 심지어는 모범생 말고는 보는 사람이 있을까 하면서 저런 채널은 불필요하다고 생각했었다. 영어건 뭐건 간에 EBS가 교육 채널이라는 말은 맞긴 맞다. 참으로 교육적이다. 또 수강료 없이 언제든지 내가 공부하고 싶을 때 채널을 틀면 되므로 부담도 없다.
TV가 없는 관계로 나는 아이패드나 노트북으로 EBS를 본다. 밥할 때나, 청소할 때나, 잠잘 때나 항상 EBS를 켜놓는다. 어린이들을 위한 영어 프로그램부터 경제 영어까지 나오는데, 억지로 집중하지 않아도 귀에 들어오고 영어가 기억된다. EBS 없었으면 어쩔 뻔했나. 다시 말하게 된다. 정말 좋은 교육 채널이다. EBS를 만든 분께 상을 주고 싶을 정도이다. 다시 한 번 감사드린다. 내 아이에게도 EBS로 교육시키리라 다짐해본다.

지선이와 앤드류.
앤드류네 집에서
수영도 하고 바비큐
파티 하던 날.

여느 때와 다름없이 유치원생들과 영어 노래 따라
흥얼거리면서 공부를 하고 있는데, 지선이에게서
'왓챕WhatsApp'으로 문자가 왔다.
'나갈까 말까… 갈까 말까…. 공부해야 하는데,
이렇게 놀면 안 되는데…. 내가 지금 딩가딩가
놀 때가 아닌데….'
고민을 하면서도 이미 내 몸은 옷을 입고 있었다.
그것도 Dress up!
'에잇! 그래. EBS 그만 듣고 배운 거 써먹어보자.'
나는 여행 가서도 차려입자는 주의다. 관광객으로
보이고 싶지 않다. 아무리 편해도 산에 가지
않는 이상 등산복에 운동화는 절대 용납할 수
없다. 일본 여행 갔을 때도 힐 신고 돌아다니다가
발가락 다 까져서 밴드 사다 붙여가며 돌아다니던

내가 아니었던가. 겉은 아름다워도 물속에서는
발길질해대는 나는 한 마리의 백조였다.

지선이가 데려간 곳은 문이 닫혀 있는 허름한 건물
앞이었다.

"여긴 왜 온 거야? 문 닫혀 있는데? 누구 기다리는
거야?"
"있어봐라. 곧 우리 차례 온다."

문이 닫혀 있는 건물 안에서 한두 명씩 사람이 나오곤 했다. 문은 분명 닫혀 있고 문을 가린 커튼 사이로 뭐가 보이지도 않고 게다가 간판이나 정체를 알 수 있는 글씨조차 없었다.

"드가자. 이제 자리 났다."

나는 그날 새로운 곳을 경험했다. 뭐라고 표현해야 하나…. 먼저 실내 향기부터 새로웠다. 뻔한 싸구려 로즈 향이 아니라 뭐라고 딱히 표현할 수 없는 오묘한 스모그 향과 로즈 향이 섞인…. 열리지 않을 것 같았던 문을 열고 들어가자 그 묘한 향기가 먼저 나의 코를 찌르며 호기심을 불러일으켰다.
잠시 얼떨떨해진 나는 촌스럽게 혼자 두리번거리면서 안을 살피기 시작했다. 안은 촛불로 밝게 채워져 있었으며, 군데군데 백작 여인 느낌의 깃털이 걸려 있었고, 오래되어 보이는 소파와 테이블 그리고 여러 초들로 꾸며져 있었다. 아일랜드 바에서는 나이가 조금 들어 보이는 여자와 그보다 조금은 더 젊어 보이는 아시아 여자 둘이서 바쁘게 손을 움직이고 있었다. 흘러나오는 음악은 재즈와 팝이 접목된 음악처럼 어디선가 한번쯤 들어본 것 같았다. 나는 이상한 나라의 앨리스가 된 것마냥 신기했다.
공간은 그리 넓지 않았다. 10평(30제곱미터) 남짓해 보였다. 밖에서는 조용할 것 같았던 그 작은 실내는 다양한 국적의 사람들이 알코올을 즐기며 만들어내는 수다로 시끄러웠다. 마치 유럽의 한 바에 있는 것 같았다. 유럽에 가본 적도 없지만….

'아, 이런 곳이 있었구나…. 아니, 이런 세상도 있었구나…. 간판도 없는데 이 많은 사람들은 어떻게 알고 찾아온 거냐? 아니 나만 몰랐나?'

"신기하제? 니 처음 와봤제? 어떻노? 느낌 좋채? 니 이거 마시면 여기 매력에 더 빠질 끼다."

'이건 또 뭐냐. 이런 건 정말 한 번도 보지 못했고, TV에서도 못 본 것 같은데.'
입구가 넓은 와인 잔 안에는 딸기를 얼음과 함께 갈아 만든 슬러시와 보드카가 약간 섞인 칵테일이 담겨 있었다. 그리고 잔 위로 달콤한 초콜릿 파우더가 듬뿍 묻어 있었다.
한 모금씩 잔을 들어 슬러시를 들이킬 때마다 잔 끝에 묻은 초콜릿을 혓바닥으로 핥게 된다.
'핥는다. 마신다. 핥아서 마신다. 아… 감동이다. 아이디어가 매력적이다.'
한 잔에 90hkd(약 12,500원). 비싸다면 비쌀 수도, 저렴하다면 또 저렴할 수도 있는 가격이다.
스낵도 안주도 커피도 없지만 시끌벅적한 이 바 '페더보아'(뱀처럼 긴, 깃털로 만든 여성용 목 장식)에 나는 단번에 반해버렸다. 방구석에서 나오길 참 잘했다.
페어보아! 이제 넌 나의 첫 번째 시크릿 장소다.
꽝! 꽝! 꽝!

청바지에 앤틱한 브라운 컬러 구두, 그리고 꽤 키가 큰, 아니 많이 큰(190센티미터는 되어 보였음) 삭발을 한 화이트 가이(서양인 남성을 지칭하는 애칭)가 우리 테이블로 다가왔다.
취기가 약간 있어 보였다. 잔에 묻어 있던 초콜릿 파우더가 화이트 가이의 볼에 잔뜩 묻어 있다.
그와 내 친구들과 사이에 자연스러운 대화가 오갔다. 그들이 영어로 떠들어대는 동안 난 또 끼지 못하고 EBS 채널 보듯 멀뚱멀뚱 바라봤다.
헉! 화이트 가이와 눈이 마주쳤다. 오버랩되자 잽싸게 눈길을 피했다. 휴대폰을 꺼내 문자도 오지 않은 내 카톡 방을 조용히 열어서 보았다.

초콜릿 딸기
보드카.

"Hi~ Are you boring? Can I get drink for you?"

쌩깠다.
'뭐라는 거야? 같이 대화하자는 건가?'
긴장이 되면 영어가 더 안 들린다. 영어를 잘 못한다는 생각에 이미 주눅이 들 만큼 들어 있어 누가 영어로 말을 걸까 봐 늘 조마조마해서, 간단한 인사조차 안 들릴 때가 있다.

"Haha. She is shy girl~."
"야, 쟤 아까부터 내한테 니만 물어봤다. 니 지루하냐고, 화나 있는 것 같다고, 어느 나라 여자냐며 자꾸 니만 묻는다카이~."

지선이가 내 귀에 속삭였다.

"니 뭐 한잔 사주고 싶다는데 한 잔 더 마셔라!"
"됐어, 안 마셔. 내가 왜 얻어 마셔? 그것도 모르는 남자한테. 그것도 외국 사람한테. 그것도 왜 나만 사줘? 됐다고 해!"

어차피 한국말은 못 알아들을 테니 아무 일 없는 척 지선이에게 내 의사를 전달했다.

"그라믄 니가 얘기해라. 내는 몰라."

'이년이 일부러 나를 놀리는 게 분명하다.
쳇! 못할까 봐?'

"Um… I… 음… so… 그러니까 anyway it's ok. I'm ok. I don't like alcohol. Sorry and thank you."

'휴… 땀난다.'

"딱!"
"아! 야 아퍼! 또 왜!?"
"니는 왜 그냐. 그냥 받아. 받아서 안 마셔도 돼. 그냥 일단 땡큐 하고 받아라 쫌!"

'나 자격지심인가…. 저거 받으면 내가 지 좋아하는 줄 알고 착각하면 어떡해? 계속 말 걸면 어떡해? 연락처 달라고 하면 어떡해?' (혼자 김칫국.)

"You don't have to drink that purposely. Just I wanna buy for you. That's it!"

그냥 사주고 싶어서 사는 거라고 하며, 갑자기 그가 끼어들었다. 눈치를 챈 듯 조금 언짢은 표정이었다.
'그래… 그까이 꺼 이게 뭐라고. 결혼하자는 것도 아닌데 뭐.'
어색하게 소울 없는 미소로 "땡큐" 하고 받았다.

화이트 가이의 이름은 벤. 벤저민 로버트 영. 국적은 스코틀랜드. 나이는 음… 33? 34? 기억이 잘….
아무튼 내 또래였던 것 같다. 친구 결혼식 때문에 잠깐 홍콩에 있다고 했다.
그는 나에게 계속 "뷰티풀 뷰티풀"이라고 했다.
'지겨워…. 이건 뭐 어디를 가나 보는 눈들은

똑같고만.'
우리는 한국, 호주, 홍콩, 영국에 대한 이야기를 나누며 어느새 친구가 되었다. 그런데 참 신기했다. 시간이 흐르니 자연스레 나도 그들과 영어로 대화를 하고 있는 게 아닌가! 비록, 문장의 완성도는 떨어지지만 국적이 다른 사람들과 친구가 되기에는 아무 문제가 없었다.
'아, 신기하다. 이 사람들이 내 말을 알아듣다니. 학원과 EBS에서 배운 걸 드디어 실전에 써먹는구나. I can do it! 음하하하.'

남자를 이용하라 1

집 열쇠
실종 사건

한국에 갔다가 홍콩 집에 도착했는데 아차! 홍콩 집 열쇠를 잃어버렸다! 대체 어디다 두었는지 기억이 안 났다. 분명히 가방에 넣어두었는데.
'아… 이를 어쩐다. 아니 왜 홍콩 집은 디지털 키가 아닐까? 최첨단의 시대에 거기다 홍콩인데 아직도 아날로그 스타일로 집 열쇠를 들고 다녀야 한다니…. 요즘 자동차도 스마트 키인데.'
집주인 아저씨에게 문자를 했다. 하지만 이 아저씨, 영어를 모른다. 몸짓으로 대화해도 힘든데 번역기를 통해 문자를 하니 물음표 이모티콘만 계속 보내올 뿐이었다.
집주인 아저씨의 여자 친구에게 전화를 걸었다. 이사하고 나서 집주인 아저씨와 그의 여자 친구랑 저녁을 한 번 먹은 적이 있었다. 이웃이 됐으니 집 바로 아래 이탈리안 식당에서 와인 시음회를 할 때마다 저녁을 같이하자고 제안한 적이 있었다. 집주인 아저씨는 동네 건물 몇 채와 식당, 그리고 중국까지 점령하고 계시는 땅 부자란다. 처음에는 '이 아저씨가 무슨 꿍꿍이신가. 어디서 나한테 개수작이야? 아니 내가 왜 나이 많은 대머리 아저씨랑 밥을 먹어야 하나' 하고 콧방귀를 꼈으나 거절도 한두 번이지, 식당이 바로 같은 건물 아래이고 있는 동안 잘 봐주십사 하고 들렀었다. 그러나… 그는 여자 친구랑 같이 계셨다. 그것도 나보다 예쁘고(많이는 아님!), 어리고, 똑똑하고, 좋은 직장을 다니고 있는 여자 친구. 이름은 제시카 웡. 난 참 착각이 심하다. 김칫국은 그만 마시고 이제 누가 밥 먹자고 하면 그냥 닥치고 나가야겠다. 이 험난한 세상에서 밥이라도 잘 챙겨 먹으려면…. >.<

남의 커플 사이에
껴서 밥이라도
얻어묵자~. 집주인
미스터 리와 그의
여자 친구 제시카 웡.

그 제시카에게, 집주인에게 전화
좀 해달라고 부탁을 했다. 열쇠를
잃어버렸으니 혹시 다른 열쇠는 없는지,
지금 가져다줄 수 있는지 말이다.
몇 분이 지나자 답장이 왔다. 미스터
리는 지금 비즈니스 때문에 중국에 가
있단다. 오 마이 가뜨!
'이를 어쩐다…. 홍콩에도 열쇠집이나
철물점이 있나?'
한국처럼 문 앞에 열쇠집이나 철물점
스티커가 붙어 있는지 찾아봤지만
없었다. 그때 마침 생각난 사람이
있었으니 바로 피터!
피터는 밍의 친구이다. 마니조 때문에
알게 된 밍, 밍 때문에 알게 된 피터.
피터도 싱가포르 사람이다. 이곳
홍콩에는 싱가포르 사람들이 많은 건지,
아니면 내 주변에만 많은 건지….

싱가포르에는 금융 기관이 많고 만다린어를 쓴다.
언어가 홍콩과는 다르지만 나이 드신 홍콩분들은
대부분 만다린어까지 가능하시다. 이런 분들이
홍콩에 많이들 살고 있다고 한다.
피터는 밍이 회사를 옮기면서 지난달 가족들과
홍콩을 떠나 다시 싱가포르로 돌아간 이후로 자주
보게 되는 친구였다. 나보다 2살이나 어리지만,
사실 한국 사람들이나 나이에 집착하지 외국에서는
그다지 나이에 신경 쓰지 않는다.
나도 처음에는 새로 사람을 만날 때마다 나이와
때로는 혈액형까지 묻곤 했었다. 그러나 이곳에서
생활하다 보니 이제 그런 것이 살아가는 데, 그리고
친구가 되는 데 그다지 중요하지 않다는 걸 알게
되었다. 오히려 나이와 혈액형을 묻는 내가 이상해
보일 때도 있다. 나이가 많다고 지혜로운 것도
아니고, 어리다고 해서 철이 없는 것도 아니고.
피터는 우리 집에서 조금 떨어져 있는 케네디
타운 Kennedy Town에 살고 있다. 내가 자초지종을
얘기하니 차가 있는 그는 금세 나의 집으로 와주었다.
피터의 차를 타고 열쇠 복사가 가능한 가게들을 찾아
돌아다녔다.
철물점 같은 작은 소모품 파는 곳을 발견하고,
피터가 들어가서 문의했다. 젊은 청년 하나가 문을
따주러(따주러? 써놓고 보니 너무 상스럽다.)
오겠다며 주소를 대란다.
나는 미리 내 현관문 앞에 가서 그 청년을 기다렸다.
철로 된 현관문과 나무로 된 방문까지 모두 2개의
문을 열어야 했다.
문을 여는 데 300hkd(약 4만 원), 2개이므로 총

600hkd(약 8만 원).
'후~ 현관이라도 열어놓고 갈걸. ㅠ_ㅠ'
덜렁대다가 쓸데없이 돈만 나갔다.
나는 피터에게 고맙다고 몇 번을 얘기하고 줄 게 없어
그냥 물이라도 줬다. 미안~.

매니저에게서 전화가 왔다. 공항에 갈 때 스케줄 승합
차량 안 의자에 열쇠와 휴대용 와이파이 모뎀이 들어
있는 파우치를 놓고 내렸다고. 그 열쇠와 와이파이가
없으면 홍콩에서 나는 아무것도 할 수가 없었다.
홍콩에서 휴대폰을 따로 개통하지 않았기 때문에
휴대용 와이파이 모뎀이 필요했다. 와이파이는
매달 309.77hkd(약 4만 원)씩 내는 것이었다. 휴대폰을
개통할까도 생각했지만 와이파이를 쓰면 태블릿
PC, 노트북, 그리고 한국 휴대폰 등 5개까지 연결하여
사용할 수 있었다.
홍콩에서 나는 유심 카드Usim-card를 사서 한국에서
쓰던 해지한 스마트폰에 키워 쓰고 있었다. 유심

카드는 세븐일레븐, 서클케이 같은 편의점에서
구입할 수 있다. 번호는 복불복이다. 유심 카드 안에
쓰인 휴대폰 번호가 자기에게 주어진 번호이다.
유심 카드는 보통 여행자용 5일짜리를 쓴다. 데이터
용량은 1.5GB, 가격은 68~80hkd(약 1만 원)이다. 나는
와이파이가 있어서 문자나 이메일을 사용할 때는
데이터가 소모되지 않으나 전화를 걸고 받을 때는
데이터가 쓰였다. 참, 홍콩에서는 전화를 받을 때도
통화료가 부과된다. 그러니 나처럼 걸려 오는 전화에
맘 편히 수다 떨지 말고 용건만 간단히 하는 게 좋다.
데이터 사용량이 다 되기 전에 통신사에서 문자로
충전할 시기임을 알려준다. 그러면 다시 편의점에
가서 통신사가 어딘지 말하고 충전을 원한다고 하면
지불하는 가격에 맞게 충전용 넘버를 받을 수 있다.
나는 보통 100hkd씩 충전을 했다.
편의점에서 구입한 충전 넘버를 별표(*)와 함께
입력한 후 통화 버튼을 누르면 충전이 됐다는 문자가
다시 한 번 통보된다. 어렵지 않다. '컨트리 록' 해지가
가장 중요하다. '컨트리 록'을 해지하지 않으면
아무리 유심 칩을 잘 꽂아도 되지 않는다. 그런데
요즘 나오는 스마트폰을 보면 처음부터 컨트리 록
해지가 되어 있는 것들이 있다.
참고로 나는 '1010(일렝일렝)'이라는 통신사를
이용하였으나 '스마톤smaton'이 더 빠르고 연결도
좋다고 한다. 어쩐지, 늘 내 것만 신호가 끊기고
느리더라니. 보통 2년 계약이라 중간에 수수료를
다시 내고 바꾸지는 못했다. 다음에 한다면 스마톤을
이용할 거다.
하늘이 도왔는지 한국에 출장을 갔던 아는 언니의

신랑분이 오늘 홍콩에 들어온단다. 형부는 다행히 우리 사무실과 멀지 않은 처가댁에 있었다. 나는 재빨리 매니저에게 전화해서 형부가 있는 곳으로 그 파우치를 보내달라고 했다. 다행히 형부의 한국 출장 덕분에 내 파우치를 안전하게 되찾았다. 열쇠도 있으니 외출도 할 수 있게 됐다. 휴~, 땡큐 소 머치 에브리원!

피터가 회사 일로 이력서를 새로 제출해야 한다면서 자료 준비도 하고 공부할 것도 있으니 나더러 같이 하자고 연락이 왔다. 집에서 혼자 숙제하기보다는 나가서 친구와 함께 하는 게 낫겠다 싶어서 오케이했다. 피터는 나보다는 영어도 잘하니 숙제하는 데 도움이 될 것 같았다. 싱가포르 사람 특유의 억양 때문에 가끔 피터의 말을 알아듣기 어려울 때도 있지만….
'영어는 리스닝이 중요합니다~~~.'
우리는 어디서 공부를 하면 좋을까 하다가 번화가 쪽보다는 덜 번잡한 안쪽 맥도날드에서 하기로 했다. 한국인들도 없을 것 같았…으나… 이게 뭐니? 자리에 앉은 후 30여 분이 지나자 한국 학생들이 단체로 들어왔다. 이 근처에 대학교가 있단다. 에고, 그걸 몰랐네.
'갑자기 나가기도 그렇고, 그러면 더 티가 날 테고….'
내가 무슨 죄를 지은 것도 아니지만 연예인이 뭔지 불편하고 신경이 쓰였다. 그냥 고개를 푹 숙이고 숙제를 하고 있는데, 학생 중 한 명이 화장실을 다녀오다가 나를 발견한 듯했다. 그리고 의심하기 시작했다. 곧 친구들에게 전달했다. 화장실에 갔다 오는 척하면서 몇 번이나 내 얼굴을 확인하고 갔다.
'황보가 맞느니 안 맞느니 쑥떡쑥떡…. 아…
개불편했다. 여기가 한국이면 차라리 나았으려나….'
남자랑 그것도 외국에서 단둘이 하는 공부라니,
누가 봐도 의심할 만했다. 눈이 마주친 학생과 나는
그저 웃었다. 아무 말도 하지 못한 채….
'그래 얘들아. 나 황보 맞아. 반가웠어. 근데 나
이 친구랑 아무 사이 아니야. 그리고 얘 내 스타일도
아니야. 그러니 한국에 있는 내 남친 귀에 들어가지
않게 도와줘….'
속으로 혼잣말을 해봤다. 당황해하는 내가 웃긴지
피터는 내 앞에서 킥킥댔다.
"배나무 아래에서는 갓끈도 고쳐 매지 말라"는
속담이 있다. 배를 훔치기 위해 갓끈을 묶는 걸로
배밭 주인이 의심할 수 있기 때문이다. 그만큼
의심받을 짓은 하지 말라는 뜻일 테다.
'아이고, 내가 배밭에 간 게 잘못이다. 하하하.
아 진짜, 친구 사귀기 어렵네. ㅡ.ㅡ;;;'

남자를 이용하라 2

번호 주고 얻은

나의 멋진
홍콩 매니저

"Can I get your number?"

키 큰 한 남자가 시크한 듯하면서 조금은 싸가지 없는 말투로 내게 말을 건다.
'이 새끼 뭐야? 매너가 있어도 모자랄 판에. 어린것이 생긴 거 하나 믿고 저 따윈가?'
홍콩에서는 키 큰 남자를 보기 힘들기 때문에 키 크고 생긴 것도 홍콩 남자 치고는 봐줄 만하고 스타일 또한 나쁘지 않아 일단 시선이 가기는 했다.

"No!"

나이는 나보다 어린 게 확실하니까 일단 무시.
그리고 우리가 있는 곳은 클럽이므로 더 무시.
'아무리 물 좋고 고급스럽고 괜찮은 클럽이라도 클럽은 그냥 클럽일 뿐. 그리고 클럽이 뭐 뻔하지, 어디서 감히 클럽에서 연락처를 따?'

"Can I get your number?"

'내가 노라고 했을 텐데. 이거 왜 이러시나…'

"Nope!"

다시 한 번 나의 의사를 밝힌 후 자리를 옮겼다.

"Can I get your number?"

'어라, 요놈 봐라. 대부분 처음에 거절하고 나면
무안해서 돌아서는데 내 동선을 따라댕기면서까지
이래? 역시… 어린것들은 자신감이 넘쳐….'
그러다가 여러 번의 거절로 자존심이 상했는지
창피했는지 그는 어디론가 사라져버렸다.
잠시 후 또 다른 남자가 내 팔을 잡는다. 귀찮다.
이놈의 인기는 어딜 가나 식지 않는구나. 하하하.

"He is good guy. my friend's really good person.
Trust me please~."

이 남자, 아까 나에게 연락처를 물어봤던 그 녀석의
친구였던 것이다.
'뭐냐… 이제 친구한테까지 시키냐?'
정말 괜찮은 남자라며, 저런 적이 없던 친구라며,
후회하지 않을 거라며 친구는 무슨 그의
변호인이라도 된 것마냥 자기 친구를 가리키며 계속
나를 설득했다. 나는 '저런 놈들은 뻔하지. 여자들
연락처를 얼마나 땄을까' 혀를 차면서도 그의 친구가
하도 적극적으로 호소하여 호기심이 생겼다.
그때 그 친구가 가리키는 쪽에 서 있는 남자의 얼굴을
다시 보게 되었다. 아니 그런데 아까의 당당함과
건방졌던 태도는 다 어디로 가고 내가 쳐다보니
쑥스러워서 어쩔 줄 몰라 했다. 그런 그가 순수해
보이다 못해 귀여웠다.
'안 넘어가니까 방법을 바꾼 거야 뭐야!?'

나는 그에게 다가가서 볼을 살짝 꼬집듯이 터치하며
아이 달래듯이 한마디 던졌다.

"Sorry~~~."

그의 친구가 다시 나를 붙잡는다. 헐….
'에잇, 모르겠다. 그렇게 홍콩 친구를 사귀고 싶어
했으면서 뭘 따지냐. 언제 또 이런 경험 해보겠어.
밥 한번 먹고 말자.'
이렇게 생각하고 그의 휴대폰에 내 번호를 눌러주고
왔다.
며칠이 지났을까.

[I wanna date with u.]

문자가 왔다.
'어쭈 요것 봐라. 어디서 요런 걸 배워가지고.'
분명 나보다 어릴 거라 생각한 나는 그의 저돌적인
스타일의 문자를 무시하듯 하면서 속으로는
귀여워서 웃음이 나왔다. 그러고 보니 나도 싫은
것만은 아니었다. 어느샌가 영어로 문자를 주고받는
재미에 공부도 할 겸 그를 이용하기로 했다. 심지어
그날그날 주고받은 문자를 내 영단어 수첩에
적기까지 했다. 친구들과의 대화는 영어를 쉽게
배울 수 있고 진짜 생활 영어이기 때문에 실용적이다.
이렇게 인연이 되어 친구가 된 그의 이름은
세바스천이었다. 나는 그를 짧게 '셉'이라고 부르고,
그는 나를 에스텔라를 줄여서 '에스'라고 불렀다.
셉은 홍콩 사람이지만 호주에서 태어난 관계로

두 나라의 국적을 가졌고, 외국계 은행에 다니다가 지금은 의류 업계에서 일하고 있었다. 패션을 좋아하는 나로서는 그에게 당연히 관심이 갔다. 나이는 1981년생…인 줄 알았으나 그의 거짓말은 어느 날 들통이 났다.

키가 크고 성숙해 보여도 자세히 보면 나보다는 어린데, 내가 처음에 그의 나이를 물었을 때 셉은 자꾸 대답을 회피했고 내 나이만 물었다. 어딘가 이상하다는 의심이 들었고, 그래서 그에게 띠를 물었다. 하지만 나는 예를 들어 띠를 설명한다는 것이 '몽키'라고 해버렸다.

'나도 모르게 내 나이 말해버린 거임. >.<'
그랬더니 자기는 81년생이라고 한 것이었다. 그래서 그때는 그런가 보다, 생각보다 어리지는 않네 하며 마음이 조금 편해졌었다.

그날은 셉의 생일이었다. 친구들과 생일 파티를 겸해서 저녁에 모였는데, 셉의 아버지가 생일 축하한다며 그에게 문자를 했다. 우리는 우연히 그의 휴대폰을 보게 되었다.

"Happy birthday to my son~. And welcome to your 27th."

'헐…. 81년생이 아닌 거야? 그럼 1986? 나와 6살 차이?
음….'
이거 뭔가 좀 그렇다. 그래 봤자 6살 차이지만, 따져보면
내가 대학생일 때 얘네는 고작 초등학교 6학년,
초딩이었다는 거다! 그때는 한 학년만 어려도 말을
안 섞었는데….
영어로는 '누나' 이런 호칭이 없으니까 반말은
할 수 있다 쳐도 내 또래인 줄 알고 나름대로 대우를
해줬는데…. 나이를 알고 나니 나도 어쩔 수 없는
한국인이라 나도 모르게 동생이라는 생각이 들었고,
나보다 인생을 잘 모를 거라는 선입견이 나왔다.
'더 이상 어른 대우 해주고픈 마음이 싹 사라졌다. 푸훗.'
그의 말은, 한국 사람들은 만나고 첫 질문이
나이라는 것을 알게 되었고, 내 행동도 자기를 조금
무시하는 것 같아서 솔직하게 나이를 얘기하기
싫었다는 것이다.
'나에게 남자로 보이고 싶었던 게 분명해. 므훗~.'
나는 연하 남자 친구를 만나본 적은 없지만,
내 친구들만 해도 한 번쯤은 연하 남자와 사귄 경험이
있고 연하 남자만 만나는 친구들도 더러 있었다.
그런데 그들이 입을 모아 말하는 건 연하 남자 친구는
경제적으로 부담을 지려 하지 않고 철이 없다는 거!
맨날 누나 밥 사주세요, 누나 뭐 사주세요, 사주세요,
세요~, 세요~. 에휴… 만나보기도 전에 친구들의 연하
남자 친구와의 데이트 경험담을 하도 많이 듣다 보니
이미 내 머릿속에는 '어린것들은 안 돼!'라는 인식이
박혀버렸다.
'그러면서도 헤어지고 또 어린 남자를 만나는 것들은
뭐람.'

사실 요즘 시대에 연상연하 커플이 별 문제가 되지 않지만 선입견이 생기는 건 어쩔 수 없다. 그래서인지 연하 남자 친구 하면 '어리면 만날 수 없어. 내가 힘들 거야'라는 생각이 먼저 든다.
'생각해보니, 지들은 다 만나면서 나보고는 힘드니까 만나지 말라고 하는 건 또 뭐냐!?'
나와 친구들은 셉의 아버지 덕분에 한바탕 크게 웃었고, 셉과 셉의 친구들은 연신 "shit! shit!"거리며 정확한 타이밍에 문자를 보내주신 아버지를 원망하는 듯했다. 아, 재밌다.

그 아이 덕분에 홍콩에서 정말 잘 지냈다. 관광객들은 모르는 로컬 식당이며 카페, 산책로, 홍콩 연예인들의 이야기, 문화생활, 남들이 모르는 아지트 장소까지 다 알아냈다.
셉의 초대로 그가 가장 좋아한다는 '이슨 챈Eason Chan, 陳奕迅'이라는 홍콩 가수의 콘서트에 그의 친구들과 가게 되었다. 이슨 챈은 홍콩에서 가장 실력 있고 유명한 가수란다.
'한국에 이승철이 있다면 홍콩에는 이슨 챈?'
솔직히 기대는 안 하고 단지 홍콩 가수의 콘서트는 어떨지 궁금해서 간 것이다. 왕년에 콘서트 무대에 섰던 경험자로서 말이다. 피식~.
와우! 매력적인 색감의 무대 장치가 빛이 났다. 화려한 뮤지컬을 보는 것 같았다. 이슨 챈의 무대 매너 역시 좋았다. 알아듣지 못하는 광둥어임에도 센스 있고 재치 있는 그의 말이 관객들을 통해 나에게 전해져왔다. 어느새 나는 야광 봉을 왔다 갔다 흔들며 그의 음악에 심취해 있었다.

이렇게 친구들과의
대화를 캡처해서
외우면 유용하다.

리나 생일날 늘
모이는 우리
패밀리들. 노엘,
써니, 해리, 셉, 소나.

페러웰 윌리엄스가
홍콩에 방문했다.
그날 페러웰은
립싱크를 하여 우리
친구들에게 질타를
받았다. 립싱크가 뭐
어때서? 샤크라도
립싱크였는데….
ㅋㅋㅋ

파티 도중 잔디에서
잠든 리나에게
우리가 장난을 쳤다.

이슨 챈 콘서트.
화려한 무대, 그리고
그의 목소리. 홍콩
음악이 좋아졌다.

생전 처음 해보는
핼러윈 파티. 오션
월드에서.
내 눈썹 봐….
인디언 걸 콘셉트.

그중 나를 매료시킨 노래 하나. 〈陀飛輪(clock time)〉.
홍콩 발음으로는 '토페일론'. 멜로디가 귓가에서
떠나지 않는다.

> 우리는 중요하지도 않은 것에
> 너무 많은 시간을 보내왔다.
> 왜 명품 시계 따위에 돈과 시간을 낭비해왔을까.
> 원하는 걸 얻은 후에는 우리는 이미 늙어버렸고
> 결국에는 무엇이 중요한지 깨닫는다.

가사도 모른 채로 들었던 이 노래가 지나온 나의
추억들을 뒤돌아보게 했다. 이슨 챈이라는 가수는
목소리만으로 노래 내용을 전달하는구나….
콘서트가 끝나고 며칠 후 집을 나서는데 지하철에서
연신 '토페일론' 멜로디를 흥얼거렸다. 친구들은
놀라며 벌써 외웠냐고 했다. 집에 와서도 이 노래가
입에서 계속 맴돌았다. 〈천장지구〉 이후로 들을 일
없었던 홍콩 음악에 다시 빠지게 될 줄은 생각도
못했다.

틴하우 동네. 여느 시장처럼 친근한 동네이다.

틴하우 동네에 있는 빅토리아 파크에서는 조깅도 한다.

나와 같은 동네 '틴하우Tinhau'의 이웃인 셉과는 자주 운동도 같이 하고 스낵을 먹으러도 갔다. 사정상 내가 다른 동네로 이사할 때 이삿짐센터 직원이 되어주기도 했고 홍콩에 관한 길, 식당, 문화도 알려주었다. 마치 나의 홍콩 매니저처럼 그는 필요할 때면 달려와주었고, 도와주었고, 힘이 되어주었다. 나는 그런 그에게 나보다 인생 경험이 적다고, 아마 잘 모를 거라고 무시라면 무시가 될 수 있는 말을 했었다. 어느 날 셉은 그런 내 말을 듣고 자기처럼 엄마를 하늘로 보내본 경험이 있느냐고 물었다. 그때 나는 할 말이 없었다. 셉은 지난해 2월 암 투병 중이던 어머니를 하늘로 보냈다.
'그의 엄마 이름은 스텔라, 나는 에스텔라. 이름이 비슷해서 내게 더 끌리는 거였나?'

사는 게 재미없을 즈음에 나를 알게 되어 기쁘다고
그가 얘기했다. 그는 나이만 나보다 적었지 결코
어리지 않았다. 고작 나이로 사람을 평가했다니!
나이에 선입견을 가졌던 나를 부끄럽게 만들 정도로
셉은 생각이 깊은 아이였다. 나를 배려하는 마음은 또
얼마나 감동이었는지….

크리스마스 때
링컨이 파티를
열었다. 친구들과
처음해본 홍콩
게임도 배우고 선물
교환도 하고 또 다른
홍콩 문화를 배운
날이었다.

홍콩 사는
한국 여자를
위한
감동의
생일 파티

학원을 그만두고 놀기만 하던 중 나는 '케이'에게
일주일에 두 번 과외를 받기로 했다. 케이는
셉의 친구이자 홍콩에서 가장 유명한 '락사'라는
고등학교의 영어 선생님이다. 학원비보다 더
저렴하게 해줄 거고, 일대일 수업이니 더 좋을
거라며 셉이 소개시켜줬다.
내 34번째 생일, 그날도 공부나 해야지 하고 케이네
집으로 갔다. 지난해 생일은 미국 스케줄 때문에
비행기 안에서 기내식을 먹으면서 보냈고, 올해는
홍콩에서 '취와'와 보내게 되었다.
늘 새로운 곳에서 생일을 맞이하는 게 나쁘지
않다. 20대 초반에만 해도 생일이 굉장히 중요한
뭔가인 것처럼 어떤 파티를 열지, 누구를 초대할지
있는 계획 없는 계획 다 세우고 유난을 떨었는데,
이제는 그런 게 다 쓸데없다는 생각이 든다. 그동안
파티를 해보니 나를 위한 파티라기보다 남들을 위한
파티였다는 생각이 들 때가 더 많았다. 그래서 괜히
쓸데없이 돈 쓰지 말고 조용히 넘어가려고 했다.
2시간여의 수업을 마친 후 친구들이 저녁을 먹자며
퀼룬 시티 Kwoloon City에 있는 한 식당으로 나를
데려갔다. 테이블이 많지 않은 작은 스테이크 전문
레스토랑이었다. 안으로 들어서니….

"Happy birthday Es."

내 이니셜이 적힌 풍선들이 가득했다. 내가 자리에 앉자 직원은 미리 주문해둔 케이크를 테이블로 가져다주었다. 장미꽃도 좋아하고 장미 향도 좋아하는데, 초콜릿으로 만든 장미꽃으로 장식된 케이크였다.
'내 취향대로 주문했나? 아~ 감동.'
케이크보다 나를 더 감동시킨 건 그 케이크 위의 문구였다.

"Age doesn't matter
unless you're cheese."
(당신이 치즈가 아니라면
나이는 상관이 없다.)

"Estella! You aren't cheese and wine~, haha."

이야~ 대박! 지금까지 들었던 말 중 최고로 나를 감동시킨 말이다. 그래 맞아! 난 치즈도 아니고 와인도 아니다. 사람이다. 그래서 숙성 따위는 필요 없단 말이다! 성숙이면 모를까. 나를 사랑하게 만든 이 문구는 어떤 선물보다 멋졌다. 이 문구로 나는 생애 최고의 생일을 보냈다.

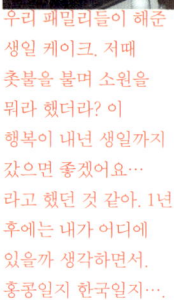

우리 패밀리들이 해준 생일 케이크. 저때 촛불을 불며 소원을 뭐라 했더라? 이 행복이 내년 생일까지 갔으면 좋겠어요… 라고 했던 것 같아. 1년 후에는 내가 어디에 있을까 생각하면서. 홍콩일지 한국일지….

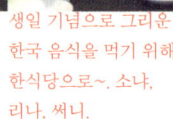

생일 기념으로 그리운 한국 음식을 먹기 위해 한식당으로~. 소냐, 리나, 써니.

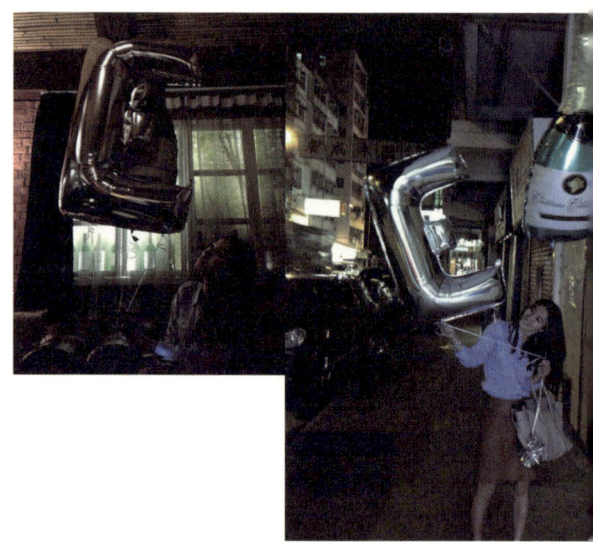

장미로 만든 나의
최고의 케이크,
그리고 최고의 멘트.

셉과 그의 친구들은 내가 한국 연예인인 줄 몰랐다.
그런 편이 나는 더 좋았다. 연예인 황보가 아닌,
홍콩에 사는 한국 여자 에스텔라로 기억해주고
좋아해주는 그들이 나는 편했다. 한국에서 부대찌개
식당을 하는, 태권도 선수였던 여자아이라고
기억해주는 그들이 나는 좋았다.
그때 클럽에서 셉에게 연락처를 알려준 건 참 잘한
일이었다. 그렇지 않았으면 두고두고 후회할 뻔했다.
셉 덕분에 많은 홍콩 친구들을 사귀게 되었다.
타지에서 진정한 친구를 만나지 못할 뻔했다. 다시
생각해도 다행이다.
마음을 열어야 친구를 사귈 수 있었다. 그렇게
처음으로 나 혼자 친구 만들기에 성공! ^_^
나의 홍콩 생활을 끝까지 도와준 셉의 친구
'링컨'에게 감사한다. Thanks Dear!

세계에서

원나잇을

가장 많이 하는

여성의

나라

"그래서? 너는 여자 친구랑 만난 지 얼마나 된 거야? 사귄 지 얼마나 됐어?"
"너는 남자 친구랑 얼마나 자주 만나?"
"우리? 같이 살지."
"What!?"

홍콩 친구들과 대화를 하다 보면 한국이 다른 나라에 비해 개방적이지 못하다는 걸 느낄 때가 많다.
'글쎄… 나만 그런가?'
내가 아는 한국에서는 결혼 전에, 그것도 결혼을 약속하기 전, 아니 결혼하기로 했다고 해도 쉽게 한집에 살면 안 된다. 식장 들어가기 전에는 어떻게 될지 아무도 모른다는 얘기가 있듯이 결혼이 틀어질 수도 있기 때문이다. 요즘에는 부모님 허락하에 동거를 많이들 한다고 하지만 그건 소수일 뿐이고, 아직까지는 선뜻 그러지 못하는 것 같다. 몰래 한다면 모를까.
하지만 홍콩 사람들은 대부분, 아니 적어도 내 홍콩 친구들은 전부 동거를 하고 있거나 경험이 있다는 것이다. 지금까지 사귄 여자 친구와 늘 동거를 해왔다는 것이다. 오 마이 갓! 그들 말로는 홍콩이 월세가 비싸기 때문에 월세를 같이 내면서 경제적인 부담을 줄일 수 있다는 것이다. 정말 단지 그 이유 때문일까?

홍콩은 제주도의 3분의 1밖에 되지 않는 작은 도시다. 그래서 집 밖에 나가면 아는 사람과 마주치기가 쉽다. 그 남자의 여친의 전 남친의 여친의 전 남친의 여친의 전 남친…. 건너건너 서로 다 아는 사이다. 그래서 친구의 친구가 전 여친, 전 남친일 때도 있다. 그런 민망한 상황을 자주 봤었다. 한국이라면 민망해서라도 연락하기가 그런데 그다지 신경을 쓰지 않는 것이 처음에는 이상했고 이해가 가지 않았지만, 어찌 보면 그 편이 멋진 것 같기도 하다. 시대가 시대이니만큼 한국도 점점 그렇게 변해가는 것 같다.

한국에서는 동거가 흔하지 않다. 부모님이 알면 난리가 난다. 한국 문화는 보수적이고 까다롭다고 한국에 대해서 설명한 적이 있다. 나를 통해서 한국을 알게 된 친구들은 한국이 너무 까다로워서 피곤한 나라라고 말한다.

친구들과 라디오를 듣고 있을 때였다.

> 라디오 DJ :
> 첫 번째 퀴즈! '세계에서 원나잇을 가장 많이
> 하는 여성의 나라는 어디일까'라는 주제로 조사를
> 했는데요. 청취자 여러분, 과연 어느 나라가
> 1위였을까요?

"야 당연히 미국이지~. 미국 아니겠냐?"
"브라질?"
"일본일 수도 있어."
"스페인!"

친구들과 서로 정답을 맞추려고 라디오에 귀를
기울이고 있었다.

> 라디오 DJ :
> 정답은 두구두구두구두구… 코리아!!!

'코리아… 코리아가 한국이었던가… 한국이 영어로
뭐더라….'
정답이 코리아라고 나오자마자 모두들 나를
쳐다봤다. 어찌된 영문이냐는 듯….

"Hahaha, Really? Oh my god! Surely? That's
impossible…."

난 괜히 놀라는 척, 믿을 수 없다는 듯이 연기를
했다. 하지만 속으로는 그 1위 한 여자가 나라도
되는 것처럼 어쩔 줄 몰라 안절부절못했다.
'이런 젠장…. 아놔 진짜. Jolla 민망…. 이씨… 창피해.'
아니 이게 무슨 말이냐. 믿어지지가 않는다. 한국
여자는 지조 있고 얌전하며 남편 내조도 잘하는
현모양처로 홍보해놨는데 이게 무슨 날벼락인가.
나는 그날 진짜 얼굴이 빨개졌다.
'아… 적어도 1위는 아닐 거라 생각했는데….'
이거 뭐 〈식스 센스〉만큼이나 반전이었다.
'이제 더 이상 고상한 척은 안 해야 하는 건가.
막 놀면 되나?'
아마 한국은 워낙 보수적이라 다른 나라에 가면
사람들과 편안하게 놀다 보니 그런 통계가 나온 게
아닐까 합리화해본다.
'아니야! 아니야! 그럴 리 없어! 홍콩에서 조사한
통계만 그럴 것이야!!'

part 5

황보라는 과거,
황보라는 현재

홍콩에서

옛 나를 만나다

클레오 은정과의 재회

수업을 가기 전 은정이에게서 전화가 왔다.
스케줄을 가기 전에 시간이 난다며 잠깐이라도
보자는 것이었다.
채은정. 그녀는 내가 2000년 '샤크라'라는 여성
그룹으로 활동할 당시 그 시대를 함께 보냈던 또 다른
여성 그룹 '클레오'의 멤버였다. 지난번 홍콩 출장
때문에 홍콩에 들렸던 치영 선배 덕분에 은정이와
다시 연락이 닿았다.

우리는 애드미럴티 역 앞, 퍼시픽 플레이스 안에
있는 '카페 코바 Cafe Cova'에서 수다를 떨었다. 은정이는
여전히 백옥 피부에 예뻤다.
은정이는 7년 전 한국을 떠나 이곳 홍콩으로 왔다.
이미 홍콩에서는 인지도 있는 한국 연예인이다.
나보다 더 어린 나이일 때 왔을 텐데, 자신이 원하는
목표를 향해 열정적으로 달린 그녀가 지금 생각해도
대견하다.
오랜만에 만난 우리는 옛 이야기를 꺼내며 잠시
추억에 잠겼다.

음악 방송 녹화를 할 때 샤크라 다음 순서가
클레오거나 반대로 우리 다음 순서가 클레오일 때가
있었는데, 그때 은정이와 자주 마주치곤 했었다.
서로를 응원하면서도 같은 여자 걸 그룹이라 약간의
라이벌 의식이 있었지만 전혀 내색하지 않고 지냈다.
음악 채널을 통해 '신화'의 음악을 신청하기도 하고,
문자 메시지를 보내 장난치기도 하고, 나는 누가
좋네 너는 누구 스타일이네, 누가 누구랑 사귀네
하면서 여느 20대들처럼 놀았다. 몸은 숙소에 갇혀
있어서 또래들보다 자유롭지 못한 상황을 서로
알아주었던 동료이기도 했다.
각자 무대에 올라갈 때, 내려올 때 하이파이브를
하며 서로의 파이팅을 외쳐주기도 하고, 대기실에서
무대를 준비하며 게임을 했던 기억도 있다.
20대에 함께 연예계에 뛰어들어 이제 30대가 되어
만났다. 20대 때도 성인이었지만 30대의 또 다른
어른이 되어. 40대분들이 들으면 코웃음을 칠지도
모르지만, 더 성숙한 대인배가 되어 만날 줄을 그때의
우리는 상상이나 할 수 있었을까? 10년이 훌쩍 지나
한국이 아닌 홍콩에서 다시 만나게 될 줄 상상이나
할 수 있었을까?

홍콩에서 한류를 보니
새로운 걸!? ^^ 충재와~.
대기실에 늦게 도착하는
바람에 다른 멤버들은
만나지 못했다.

신화의 홍콩 콘서트에서

"신! 화! 창! 조!!"
아, 손발이 오그라든다. 나이 먹고 오렌지색 풍선 들고 10대들이랑 "오빠! 오빠!" 하고 소리를 지르려고 하니 막 부끄러워진다.
한국에서 우리의 노장 아이돌 그룹 신화느님들께서 홍콩에 오셨다. 아시아 월드 투어 중에 이곳으로 콘서트를 하러 온 것이다. 충재가 콘서트에 초대해주었다. 충재는 '전진'의 본명이다. 나는 그놈을 충재라고 부른다.
간만에 신화 친구들도 볼 겸, 또 홍콩에서 한국 가수를 응원하는 기분을 느낄 겸, 추억도 떠올려볼 겸 간 것이었다. 그리고 내심 홍콩 친구들에게 '한류가 이 정도다'라고 자랑하고 싶기도 했다.
신인 때 신화와 함께 활동할 때는 사무실의 철저한 관리 때문에 남자 동료들과는 말을 섞어서도 웃어서도 안 되었다. 그러니 감히 친구로 지낸다는 것은 상상도 할 수 없는 일이었다.
'그런데 나만 너~무 잘 지켰더이다. 다들 잘만 만났다. 그것도 아주 그냥 거미줄처럼 복잡한 관계…. 아 난 뭐했나….'
걸리면 누가 죽이기라도 하는 줄 알고 무서워서 나는 남자 동료들을 열심히 피했다. 누가 연락처라도 물어보면 '휴대폰 없어요'라고 수줍은 듯 도도하게 거절했었다. 푸핫. 그 당시 우리는 휴대폰까지

압수당해서 연락할 길이 없었다.
다른 그룹들은 서로서로 숙소에 찾아가 놀기도
했다던데, 우리는 꿈도 못 꿀 일이었다. 우리?
아니 적어도 나는.
함께 연예 활동을 오래 하면서 매니저 틀 안의
꼭두각시처럼 움직였던 시절을 지나 자유를 찾은
후 우리는 더욱더 성숙해져서 만났다. 우리는
동료이기보다는 친구에 가까웠다.
가이드로 잘나가는 리나를 제외하고는 리나의 언니
써니, 써니의 남편이자 리나의 형부 노엘, 소냐 언니,
카이, 피터, 그리고 대니얼 언니를 모두 끌고 공항
근처에 있는 '아시아 엑스포 월드' 공연장으로 갔다.

"이야~ 신화 아직 죽지 않았어~~!!!"

신화의 팬임을 인증하는 오렌지색의 옷과 액세서리
그리고 플랜카드 등으로 공연장은 완전히
오렌지색으로 물들어 있었다. 물론 오렌지색
관객들은 한국인이 아니라 거의 대부분 현지
팬들이었다.
앤디, 에릭, 동완, 전진, 혜성, 민우. 노래면 노래,
춤이면 춤. 너무 잘했다. 여전히 격렬하고 힘 있는
군무도 멋졌다. 장하다 우리 신화. 멋지다 우리 신화.
아직 살아 있구나! 역시 신화는 뭉쳐야 더 멋지다.

"야, 너는 무슨 홍콩 여자 같다."
"아 그래? 여기 살다 보니까 나도 모르게 그리
변해가나? 하하하."

오랜만에 만난 충재가 한마디 던졌다.
콘서트가 시작되고 내 친구들은 나처럼 한국을 떠나 살면서 조국이 그리웠던 듯 있는 힘껏 응원을 하고, 함께 노래하고, 춤추고 환호성을 지르며 박수를 아끼지 않았다. 친구들이 즐거워하는 것 같아 나도 기뻤다.
90년대 데뷔 곡부터 2000년대 신곡까지 한 획을 그었던 그들의 노래는 내 추억을 이야기하고 있었다. 나의 눈은 그들의 무대를 보고 있었지만 내 머리는 추억에 젖어 옛일들을 회상하고 있었다.

나 홍콩 여자?

헤어 쇼의 깜짝 BGM,
황보의 노래를 들으며

모처럼 파티가 있었다. 파티가 아니어도 늘 파티처럼
놀았었지만. 소냐 언니의 '헤어 쇼'. 보통 파티는 클럽
하나를 통째로 빌려서 하므로 센트럴에 있는 '매그넘
클럽Magnum Club'에서 열렸다.
드레스 코드도 있었다. 바로 '골드'. 내 옷들은 거의 다
한국에 있었는데, 다행히 갖고 온 옷들 가운데 골드
톤의 스웨터가 하나 있었다. 위는 골드 톤 스웨터,
아래는 가죽 미니스커트로 믹스 매치Mix & Match.
그리고 정열의 빨간 립스틱으로 마무리!
한껏 단장하고 파티에 가기 위해 집을 나섰다.

많은 잡지사와 미용계 사람들, 홍콩의 연예인들로
클럽 안은 붐볐다. 반갑게 맞아주는 소냐 언니와
포토 존에서 사진을 찍고 돌아서는데, 소냐 언니가
나에게 기대해도 좋다는 의미심장한 말을 했다.
'음… 뭐지?'
언니의 쇼를 기대하라는 의미가 아니라 뭔가
날 위해서 이벤트를 하니 기다리라는 뜻으로 들렸다.
'오늘 밤 나한테 프러포즈라도 하려나?'
드디어 언니의 차례. 소냐 언니의 헤어 모델이 무대에
오르자 신나는 댄스 음악에 맞춰 소냐 언니가 현란한
가위질로 모델의 머리를 자르기 시작했다.

매그넘에서 열린
소냐 언니의
헤어 쇼 파티.

"WOW!! SONIA!!"

나와 함께 응원 차 함께한 나의 홍콩 패밀리
노엘, 써니, 리나, 대니얼, 피터, 카이, 크리스는
큰 함성으로 소냐를 응원했다.
'어? 근데… 가만있어보자. 어서 많이 듣던 노랜데….
잘못 들었나?'
헉! 다시 귀를 기울여 들으니 이건 내 노래가 아닌가!
〈아리송(R2SONG)〉. 나의 마지막 댄스곡이었던
〈아리송〉을 언니가 BGM으로 준비했던 것이다.
감동도 감동이지만 오랜만에 내 노래를 들으니
반가웠다. 그것도 홍콩에서 들으니 더 새로웠다.
우리 패밀리는 내 노래가 나왔다면서 다 같이
즐거워했다. 우리는 내 노래에 맞춰 한껏 더 힘차게

응원을 했다.
쇼가 끝난 후 언니는 마이크에 대고 자신의 베스트 프렌드의 노래로 쇼를 해봤다며, 내 이름과 곡 소개를 빼놓지 않았다.
'민망민망. -.-;;;'
그래도 언니의 이벤트가 싫지는 않았다. 추억이 떠올라 행복했고, 잠시나마 가수란 걸 잊고 지낸 나에게 정체성을 일깨워주었다.

샤크라는 2000년 3월에 데뷔했다. 당시 나는 막 고딩 딱지를 뗀 20살이었다. 멤버 중 막내 은이의 나이는 16살, 중학교 3학년이었다.
'참 많이 어렸구나.'
대학생이 되어 무엇이든 보호자 없이 혼자서 결정할 수 있다는 생각에 더욱 들떠 있었을 때였다. 당시 아는 언니(이름은 기억이 잘…. 언니야 지못미) 대신 청담동 이탈리안 레스토랑에서 아르바이트를 하고 있었다. 갑자기 일이 생겨 아르바이트를 못 하게 되었는데 일주일만 자기 대신 일해주면 안 되겠다고 해서, 마침 대학 합격 후 마땅히 바쁠 것도 없어서 그러겠다고 흔쾌히 대답했다.
그러나 그 언니는 갑자기 취직이 됐다면서 레스토랑 아르바이트를 다시 할 수 없을 것 같다고 연락해 왔다. 황당. 나도 대학 입학식이 얼마 안 남았는데. 어떻게 해야 하나 고민하다가 생각해보니, 이 레스토랑 일은 밤늦게까지 하는 게 아니라서 부모님께 허락을 받고 계속 일할 수 있을 것 같았다. 또, 고급 레스토랑이라서 브레이크 타임(2시 30분부터 6시 사이의 휴식 시간)도 있고 점심시간 후에는 중간에 어디

갔다 올 수도 있어서 그만두고 싶지 않았다. 아직 돈 모으는 데 관심이 없었고 쓰고 싶은 데가 많아서 돈이 필요했고, 월급이 아니고 주급이라서 페이를 빨리 받을 수도 있었다. 게다가 연예인들이 자주 왕래하는 곳이라 연예인들을 실제로 볼 수 있다는 것 또한 매력적이었다.

그러던 어느 날, 연예인처럼 보이는 여자분이 식사를 하기 위해 레스토랑을 방문했다. 그 테이블에 메뉴판과 물을 서빙하고 있는데, 그 연예인은 나에게 나이와 이름을 물었다. 그 연예인은 가수와 탤런트로 활동하던 이혜영 언니였다.

'와~ 연예인이 나에게 말을 걸었다. 그것도 이름까지 묻고.'

혼자 신기해하고 있는데, 갑자기 전화번호를 물었다.

"전화번호는 왜요?"
"혹시 가수 할 생각 없어요?"
"네? 그거 힘들지 않아요? 제 친구 중에도 가수인 애가 있는데 엄청 힘들어하던데요."
"이름이 특이하네요. 황보혜정? 암튼 전화번호 좀 줄래요?"

'아… 내가 왜 그리 대답을 했을까. 바보 멍충이. 그냥 네~ 관심 있습니다, 하고 웃기나 할 것이지. 에휴….'

사실 갑작스런 만남에 당황했다. 그 당시 어린 친구들이면 누구나 연예인을 하고 싶어 했고 나 또한 그 꿈을 꾸지 않았던 것도 아닌데 뭐가 그리 겁이 났었는지 모르겠다.

친구 중 하나가 고등학교 때 가수 활동을 시작하여

그룹 A에 있었는데, 엄청 힘들어하는 데다 사무실의 제지가 심해 외출조차 자유롭게 하지 못했다. 그런 걸 보고 연예인은 정말 할 게 못 되는구나, 하고 생각한 적이 있었다. 그래서 순간 그 기억이 떠올라 나도 모르게 입 밖으로 나와버린 것이었다.

며칠이 지났을까. 여느 때와 다름없이 브레이크 타임을 즐기며 레스토랑의 언니 오빠들과 수다를 떨고 있었다. 그런데 나에게 한 통의 전화가 걸려 왔다.

"황보혜정 씨 맞나요?"
"누구세요?"
"으흠… 저… 이상민입니다."
"이상민? 누구지? 상민이가 누구죠?"
"아… 저 룰라의 이상민이라고 합니다."
"룰라의 이상민이요? 아! 네! 안녕하세요! 저는 제가 아는 친구인 줄 알고…. 죄송해요. ㅜ.ㅜ;;;"

언니 오빠들은 내 옆에서 전화를 엿듣다가 그 이상민이 맞냐며 나보다 더 기뻐하면서 환호성을 질렀다.
중학교 시절 내가 가장 좋아했던 가수였다. 가진 돈이 없어서 정품 카세트테이프는 못 사고, 돈을 모아 학교 앞에서 파는 불법 복제 테이프를 샀었다. 그런데 그 룰라의 이상민이 나한테 전화를 했다. 진짜 신기했다.
그렇지만 나는 가수를 할 수 없을 것 같다고 말하고 말았다. 아버지께 허락받을 자신도 없었고, 대학에

합격해 한껏 기대에 부풀어 있는데 대학 생활을
포기하고 사회에 나가기가 두려웠다.
그런데 그날 이후로 이상민 오빠는 아르바이트가
끝나는 시간에 맞춰 몇 번 더 와서 나를 설득하셨다.
아니 설득해주셨다. 아 정말 감동이었다. 고마웠고
기뻤다. 부모님 허락을 받도록 하자며 일단
연습도 하고 경험도 해보자고 하셨다. 힘들면
중간에 그만둬도 된다고 하시며 조건을 편하게
맞춰주기까지 하셨다.
이상민 오빠 덕분에 두려움은 줄고 자신감이 생겼다.
계약에 묶여서 자유가 없어질까 걱정할 필요도
없으니 마음이 가벼웠다. 그래서~ 나는 그분들
덕분에 샤크라 멤버가 되어 연예계에 입문하게
되었다.
그분들이 아니었더라면 나에게 홍콩 생활도 없었고,
책 또한 쓸 수 없었을 것이다. 늘 감사하는 마음으로
살지만, 다시 한 번 감사의 마음을 전하고 싶다.

아르바이트
in 홍콩

오디션

학원만 다니고 흥청망청 놀 게 아니었다. 학비까지는
아니어도 생활비는 벌어야 하지 않겠는가.
'그런데 뭘로 돈을 번담….'
서빙 아르바이트가 가장 구하기 쉽고 만만하지만,
한류가 대세라 그다지 유명하지도 않은 나를
어설프게 알아보는 사람들이 꽤 있어서 여의치
않았다. 홍콩은 한국 관광객이 엄청나게 많아서
안 마주치려 해도 안 마주칠 수가 없다.

"언냐, 나 메이드 할까? 그럼 워킹 비자도 나오지
않나? 나 청소, 정리 같은 거 완전 잘하는데.
아니면… 베이비시터? 나 애기도 엄청 좋아하고
잘 보는데…."
"야야, 애기 좋아하는 거랑 잘 보는 거랑 완전
다르거든. 그리고 괜히 열심히 살려는 메이드들
일자리나 빼앗지 말고~."

나는 어떻게 하면 홍콩에 더 살 수 있을까 머리를 굴리고 있었다. 모아둔 돈도 떨어져가고, 월세를 내기도 이제 무리고, 게다가 학원비가 만만치 않아 학원을 그만두고 친구들과의 생활 영어로 영어 공부를 대신한 지가 벌써 몇 개월째였다. 그렇다. 아무리 내가 생활고에 시달린다 해도 돈을 벌어서 고국으로 보내는 사람들의 일자리를 탐낼 만큼 힘든 건 아니었다.

또 하나 깨달은 사실. 회사 상관없이 일할 사람을 구하는 곳에 보내려고 이력서를 쓰는데 정말 뭐 하나 잘난 게 없었다. 학연, 혈연, 지연도 없고… 학력도 초졸, 중졸, 고졸, 전문대졸…. 졸업하고 바로 연예계 활동을 시작했으니 이력이 연예인이라는 거 하나 빼고는 전문성도 없거니와 남들 다 가지고 있는 내놓을 만한 자격증 하나 가지고 있지 않았다. 특기란에 적을 만한 거라곤 태권도 3단, 카레이서 자격증, 승마, 복싱.

'이건 뭐 다 몸으로 때우는 거네. 몸으로 때우는 말고 어쩜 이리 내놓을 게 없니….'

상고를 나왔으면 컴퓨터 자격증이라도 있었을 테고, 태권도를 시작했으면 이왕 하는 거 4단까지 시험을 봐서 사범 자격증이라도 있었어야 하는데 정말 내세울 거 하나 없는 내가 실망스러웠다.

'면접 때 보여줄 수 있는 것도 아니고 거 참 취직하기 힘든 특기일세….'

생각해보니, 보여줄 수 있는 게 운전 면허증 달랑 하나 있었다. 그런데 홍콩은 운전 방향이 한국과 반대. >.<

그러던 중 홍콩 남자와 결혼하여 홍콩에서 살고 있는 동생 크리스털이 제안을 했다.

"언니, 프로필 스크랩한 거 있어요? 우리 신랑 친구가 홍콩서 잘나가는 에이전시 사장인데, 거기에 한번 갖다줘보라 하게요."

프로필이야 뭐 15년 동안 줄곧 찍어왔으니 자료야 많다지만, 한국에서 온 연예인임을 알리고 일하고 싶지는 않았기 때문에 조금 망설여졌다. 내가 광둥어를 할 수 있는 것도 아니고 영어 실력도 생활 영어나 이제 좀 하지 이곳에서 일할 만큼은 아닌 것 같았다.
심심풀이로 아르바이트한다고 생각하고 해보라는 소냐 언니의 말에 일단 한국에 있는 매니저 실장님께 부탁해서 프로필을 받았다. 에이전시 사무실에 가서 키와 몸 사이즈를 재고 자기 소개도 영상으로 찍었다.

"I'm from Korea and I was born 1980… and… um…. Ah! My name is Estella BO…. My hobbies are riding a horse, listening the music and cooking… um… That's all!"

후~ 면접은 처음 봤다. 사진만 필요하면 포즈 잡고 찍으면 되는데 말을 하려니, 그것도 영어로 하려니, 게다가 그걸 누군가 찍고 있으니 멋쩍었다.

에이전시에 프로필을 보내놓고 잊고 있었는데
에이전시에서 연락이 왔다. 캐스팅이 되었는데,
촬영할 시간이 되냐고 묻는 것이었다. 백수가 바쁠
일이 뭐가 있겠는가. 당연히 되지.
홍콩의 에이전시들이 다 그러는 건지 이 에이전시만
그러는 건지는 모르겠지만, 항상 개인 스케줄을 먼저
확인하고 스케줄에 맞춰주니 참 좋은 것 같다. 한국은
늘 일 스케줄이 우선이며, 다른 일을 취소하고서라도
가야 하는데 말이다. 그런데 내 스케줄 때문에 시간을
맞출 수 없으면 캐스팅이 안 되고 기타 등등 나만
손해이니 웬만하면 맞출 수밖에 없다.

에이전시에서 갈 곳 주소를 문자로 보내 왔다. 혼자
알아서 찾아가야 한다. 홍콩에서 나는 신인이라서
매니저도, 스타일리스트도 메이크업 아티스트도
헤어스타일리스트도 없었다. 그냥 스스로 알아서
메이크업을 하고 지시받은 대로 광고 콘셉트에 맞춰
알아서 차려입고 가야 했다.
때로는 지하철을 타고 종점까지 갈 때도 있었다.
역에 도착하면 지도 앱에서 목적지를 검색해서 보고
걷고 또 걷고 지나가는 사람들에게 묻고 물어 홍콩의
복잡한 골목을 지나 찾아가곤 했다.

어느 날은 에이전시 매니저가 치마 정장을 입고
캐스팅을 갔으면 좋겠다고 했다. 다행히 한국에서
결혼식에 갔다가 바로 오게 되었을 때 입었던 하객용
치마가 있었다. 그 치마와 흰 블라우스를 매치해 입고
검정 힐을 쇼핑백에 넣어 갔다. 지하철역에서 내려
목적지를 찾아갈 때는 많이 걸어야 하므로 반드시

운동화를 신고 가야 했다. 목적지에 다다르면 건물
뒤에서 구두로 갈아 신고 들어갔다. 학교 후문에서
미니스커트 교복 치마를 범생이 교복 치마로 바꿔
입고 들어가는 것처럼 말이다.
캐스팅 스튜디오에 도착하면 먼저 화장실에 들러
얼굴 상태를 점검하고, 옷매무새를 가다듬고,
크게 심호흡을 한 후에 들어갔다. 재미 삼아 하는
아르바이트라도 긴장이 되었다. 오디션을 봐서
경쟁을 뚫고 올라가야 발탁이 되는 관계로.
스튜디오의 벨을 누르니 한 남자가 문을 열어줬다.
이미 다른 에이전시를 통해 캐스팅을 온 남녀
모델들로 오디션 장이 번잡했다. 책상 위에 있는
명단에 소속 에이전시 및 이름, 생년월일을 적으라고
했다. 그렇게 하고는 내 이름이 호명될 때까지
기다렸다. 먼저 온 모델들이 카메라 테스트를 하고
있었다.

"Estella BO? U ready?"

드디어 내 차례가 왔다. 앞, 옆, 뒤, 한 바퀴 빙 돌고,
스마일~. 치아가 보일 만큼 크게 한 번 더 스마일~.
오디션은 무사히 마쳤다. 며칠 뒤 결과가 나오면
에이전시를 통해 통보하겠다는 말을 듣고
스튜디오를 나와 다시 운동화로 갈아 신은 후
지하철역으로 향했다.

나의 홍콩 아르바이트 성공기

아침 일찍부터 지하철을 타고 홍함Hong Ham 역에 도착해 편의점 앞에서 기다리고 있었다. 중년쯤 되어 보이는 두 남녀가 눈에 띄었다.
'서성이는 걸 보니 나랑 같은 팀인가?'
몇 분을 더 기다렸을까. 며칠 전 의상 피팅을 함께 한 스타일리스트와 스태프 몇 명이 도착했다.
한 스태프가 택시를 잡더니 타라고 손짓을 했다.
역시나 역 앞에서 함께 기다렸던 그 중년의 남녀는 함께 촬영할 배우들이 맞았다. 배우들은 어디서도 티가 나나 보다.

우리는 택시를 타고 조금 외진 곳으로 들어갔다.
도착하니 어느 학교였다. 한 교실 안에서 우리는 촬영 준비를 했다. 집에서 메이크업을 하고 왔는데 마음에 들지 않았는지 메이크업 아티스트가 수정을 했다. 자줏빛 아이새도와 볼터치…. 솔직히 조금 촌스러웠다. 이래서 한국 연예인들 메이크업이 대세인가 보다.
나의 첫 아르바이트는 보험회사 광고였다. 콘티는 이랬다. 나는 보험회사 직원이다. 나와 함께 역 앞에서 기다렸던 중년 남녀 배우는 부부가 된다. 보험회사 직원인 나와 그 부부는 병원에서 대화를 한다. 장소는 학교지만 세트는 병원이었다.

"뤠디~~~ 액션!"

감독의 외침으로 광고 촬영이 시작되었다. 사고를 당한 유가족을 보험회사 직원이 병실 앞 의자에 앉아 위로하는 콘셉트다. 나는 보험회사 직원처럼 검은색 정장을 입고 서류를 들고 부부의 어깨를 어루만지며 위로하듯이 등을 토닥거린다. 그러고는 고객의 말에 귀 기울이며 고개를 끄덕인다.
우리 셋은 서로 말이 통하지 않아서 그냥 아무 말이나 주고받았다. 나는 한국말로, 그들은 광둥어로….
마치 서로 고민하고 의논하듯이, 나는 실제 보험회사 직원이 된 것처럼 미소를 머금고 서류를 내보이면서 보험을 설명한다. 그러고는 '보험이 다 해결해줄 것이다'라는 뉘앙스를 풍기며 고개를 끄덕인다.

"Cut!"

감독이 내게 다가왔다.

"Don't smile. Don't smile. It's not reality… cause you are too pretty. So looks like not real an employ. Don't smile, please~. ^^ ok, Estella?"

'아… 내가 예쁘구나…. 너무 예뻐서 현실성이 떨어지는구나…. 그래서 미소 지으면 안 되는구나…. 하긴 이 정도 외모에 보험회사 다녀주면 아주 그냥 뭐…. 그런데 헐…. 칭찬인 듯한데 지적당하는 것 같기도 하고, 기분 나쁜 듯하지만 나쁘지는 않은 지적인데….'

한편으로는 기분이 좋으면서도 감독님 눈에 차지
않은 연기를 한 것 같아 조금 주눅이 들었다.
실내에서 촬영을 했는데 너무 추워서 몸이 덜덜
떨렸다.
'한국이라면 이때쯤 매니저님이 바로 핫팩과 담요를
주셨을 텐데…'
신인의 서러움이 밀려왔다.
고객들을 몇 시간이나 위로해주며 촬영을 겨우
끝냈다. 이곳의 장점은 촬영 전에 미리 촬영 시간을
얘기해주고 그 시간 안에 끝내준다는 것이다. 그 시간
이상 촬영을 하면 돈을 더 받을 수 있다. 그래서
진행이 빠르고 한국처럼 무턱대고 밤을 새는 일이
흔하지는 않은 것 같다. 촬영 시간을 미리 알아서
좋고, 정해진 시간 안에 끝나서 또 좋고, 시간이
넘으면 돈을 더 벌어서 더 좋고~.
이리 하야 홍콩에서의 내 첫 번째 아르바이트 무사히
성공! 미션 클리어~.

보험 광고 촬영 중.
이날 너무 추웠다.

두 번째 아르바이트는 홍콩의 유명한 편의점 겸 약국
'왓슨스'의 광고 촬영이었다. 이 일 역시 캐스팅에
가서 인터뷰를 한 후 얻어낸 것이었다. 인터뷰는
평소 아플 때 어디로 약을 사러 가느냐, 약을 사러
가면 약국 직원들에게 질문을 하는 편이냐, 의사들의
처방을 듣는 편이냐, 하는 질문들에 대답하는
형식이었다.
의상 피팅을 위해 완차이로 갔다. 그런데 광고
담당 스타일리스트가 나를 알아보는 것이 아닌가.
팬이라며 반갑다고, 내가 정말 맞느냐고 재차 물으며
확인했다. 나는 '쉿' 하고 조용히 손짓하면서 모른
척해달라고 부탁을 드렸다. 시선이 내게 집중되는
것이 불편했기 때문이다. (피팅을 마치고 나를
알아본 그녀와 약속대로 인증 샷.)
촬영은 왓슨스 매장에서 진행되었다. 매장의
구석진 한 곳에 헤어와 메이크업 룸이 만들어졌다.
헤어스타일리스트는 내 머리를 묶었다가 풀었다가
묶었다가 풀었다가를 몇 번이고 반복했다.

"What's wrong?"

문제 있냐고 물으니 감독님이 오케이를 하지 않았다 한다.
다시 머리를 지지고 볶고 결국에는 그냥 올림머리.
'나이 들어 보이는 올림머리… 아놔 싫은데. 의상이 한복이면 모를까.'

오늘 내가 할 촬영은 감기에 걸려 약국에 약을 사러 온 고객이었다. 카운터에 약을 들고 가서 헛기침을 한번 해주고 약사에게 사용법을 들은 후 "음고~이"라고 대답을 하고 만족한 미소를 살짝 지으면서 약국을 나서면 되었다.
아. '음고~이'는 '감사합니다'라는 뜻이다.
'감사합니다' 말고도 '죄송합니다'도 되고 '실례합니다'도 되고, 그때그때 상황에 따라 쓰임이 다르다.
길을 가는데 누군가 길을 막고 서 있어서 좀 비켜 달라고 할 때 '음고이'라고 하면 '실례합니다'가 된다. 원래는 '음고이 제제'가 맞는 말이지만 보통 짧게 '음고이'라고만 한다. 그리고 발이라도 실수로 밟았을 경우에는 '음고이'가 '미안합니다'가 될 수 있고, 선물을 받는 상황에서 '음고이'라고 한다면 당연히 '땡큐'가 되는 것이다.
정확히 '감사합니다'는 '또제'라고 하지만 '음고이'를 더 많이 쓰는 것 같다. 처음에는 내가 뭐만 하면 다들 '음고이'라고 해서 도대체 그게 뭔 말인가 했다. 원시인들처럼 한 가지 말로 다 표현하는 것 같았다. 정확한 사전이 없어서, 홍콩말을 익히려면 직접 부딪히고 많이 경험하는 게 좋다. 그게 홍콩어 학습의 지름길이다.

감독의 '큐' 신호가 떨어지자 나는 천천히 카운터 쪽 약사에게 다가간다. 오른손으로 주먹을 쥐어 살짝 입 앞에 대면서 기침을 하라는 감독님의 말에 충실하여 감기에 걸린 사람처럼 기침을 한번 해주고, 약사가 하는 약 사용법 설명을 주의 깊게 들어주고, 약사에게 '음고~이'라고 감사 인사를 하고 만족한다는 듯이 미소를 약간 지으며 돌아서면 끝~.

"Ok. Cut~!"

감독님의 컷 신호가 들렸다.
감독님은 내게 국적이 어디냐며 음고이 발음이 좋다고 칭찬을 해주셨다.
'한국 사람처럼 안 생겼나 봐.'
아무튼 칭찬을 받았으니까 야호!

촬영은 새벽 2시가 넘어서야 끝이 났다. 촬영 장소에서 집까지는 거리가 좀 있어서 택시를 타야 했는데, 택시를 타려면 시내로 조금 나가야 했다. 촬영 스태프 한 분이 침사추이에서 내려주겠다고 했다.
'그게 어디냐. 택시비 아낄 수 있어서 다행이다.'
함께 촬영한 실제 약사와 함께 어색하게 봉고 차를 타고 침사추이에 잘 도착했다.

아~. 밤샘 촬영이 끝난 후 소속사가 없는 배우들의 마음을 이해할 수 있게 됐다. 모두들 수고가 많으십니다~~~.
두 번째 아르바이트 광고 촬영 미션 성공!

그 외에 콘돔 광고 등 광고 촬영 몇 개를 더 했다. 콘돔이라고 해서 멜랑콜리하게 찍을 줄 알고 캐스팅도 안 간다고 했으나 그냥 남자 친구와 저녁을 먹으면서 말다툼하는 정도라기에 하기로 했다. 다행히 정말 예쁘게 차려입고 그냥 같이 밥 먹는 게 끝이었다.

'일주일밖에 남지 않았다. 내가 이곳에서 보낼 수 있는 날이….'
일주일 후면 나는 고국으로 돌아가야 했다. 이곳에 정착해서 살아볼까 하는 생각을 많이 했고, 또 고민도 했지만 결론은 돌아가야 한다는 것이었다. 아니, 돌아가야 하는 이유를 찾았다. 가족도 한국에 있고 운영하는 식당도 손을 놓을 수 없는 상황이었다. 타지에서 돈 벌어 가족에게 보내는 것이 부양이라고 할 수 없다고 결론을 내렸다. 가족에게 돌아가는 게 맞다고 생각했다.
'남편감도 못 만났고. 만약 만났다면 고국으로 돌아가지 않아도 될까?'
피식 웃음이 났다.

귀국 며칠을 남겨두고 에이전시에서 연락이 왔다.
뷰티 캐스팅이 하나 있는데 갈 수 있느냐는 것이었다.
그런데 캐스팅 날짜는 1월 7일, 내가 한국으로 아주
돌아가는 날은 1월 9일. 캐스팅에 합격을 한다고 해도
촬영은 1월 9일 이후에나 하게 될 것이었다.
비행기를 예약해놓아서 고민이 됐다. 일단 페이가
중요했다. 집 계약이 끝났기 때문에 출국을
미루고 홍콩에 더 있을 수 있는 예산인지 아닌지.
10K(약 140만 원)일 거라는 에이전시 직원에 말에
지난번보다 한 달 정도 더 살 수 있는 돈이기는
하나 과연 내가 이 광고까지 하고 떠나는 게 맞는지,
아니면 어차피 떠날 거 미련 없이 가는 게 맞는
것인지 고민이 되었다.
나는 에이전시 매니저에게 생각할 시간을 조금 더
달라고 했다. 매달 이 정도의 광고 일을 쉬지 않고
할 수 있으면 이곳에 머무를 만한 이유가 되겠지만,
스케줄이 확실치 않으면 더 이상 돈을 낭비하면서
시간을 보낼 수 없었다.
언젠가의 '한방'을 위해 도전한다고들 하지만,
그러기에 나는 어리지 않은 나이라는 생각이 들었다.
가족의 품을 떠나면서까지 그렇게 하고 싶었던 외국
생활을 할 수 있었던 것에 감사하기로 했다. 욕심을
부리기 시작하면 한도 끝도 없다.
미안하다고, 이제 한국으로 가야 한다고, 출국
날짜를 미루면서까지 그 캐스팅에 갈 수는 없을
것 같다고 에이전시 매니저에게 내 사정을 잘
이야기했다.

@Estella816 언니, is this you? I saw this in a Hong Kong commercial.

2014. 2. 16. 오후 7:30

지난해에 찍은 광고가
내가 홍콩을 떠난
후 홍콩에서 종종
볼 수 있었나 보다.
알아본 한 팬이 나의
SNS로 확인시켜주었다.
푸하하.

part 6

끝과 시작

세 번째 집
집들이

이삿짐센터 아저씨랑 둘이 저러고 가기도 참 힘들지. ㅋ 어릴 적 이사할 때 트럭에 다 같이 탔던 추억이 떠오른다.

또 이사를 했다. 1년도 안 됐는데 벌써 세 번째.
전에는 부산 친구의 아는 동생 크리스텔의 도움으로
비어 있는 집에 3개월 정도 살았는데, 갑자기 그 동생
시어머니께서 미국에서 들어오시는 바람에 나는
다시 집을 구하러 다녀야만 했다.
'에휴… 이래서 집 없으면 서럽다고들 하는구나.
ㅠ_ㅠ'
홍콩의 집들은 보통 기본 1년 계약이라서 6개월
정도 계약 조건이어야 월세가 저렴하고 깨끗한 집을
구할 수 있는데, 한국에 돌아가야 할 시간도 얼마
남지 않아 단기간 살 집을 구하려니 머리가 아팠다.
계약할 수 있는 데는 비싼 서비스 아파트밖에 없고,
예산을 초과해서 경비 부담이 만만치 않다. >.<
혼자 부동산에 다니다가 다리가 아파서 결국 셉에게
SOS를 보냈다. 인터넷으로 미리 알아본 집 주소들을
들고 구석구석에 있는 집까지 셉의 차로 보러 다녔다.
그렇게 해서 마지막으로 내가 둥지를 튼 새
보금자리는 코즈웨이베이에 있는 서비스 아파트였다.

3개월 후면 한국으로 돌아가야 하므로 단기간 살기에는 이만큼 편리한 데가 없었다. 비싸다는 큰 단점이 있었지만. 8평 정도의 방이 한 달에 15,000hkd(약 200만 원)이나 했다. 그래도 메이드가 일주일에 두 번 침대 매트를 갈아주고, 청소도 해주고, CCTV가 설치되어 있는 등 경비가 잘 되어 있다. 당연히 풀 옵션이다. 이렇게 다 갖춰진 아파트를 서비스 아파트라고 한다.
'이제 곧 떠날 텐데 좋은 집이 무슨 소용 있으랴. 남은 시간 별일 없이 지나기만을 바랄 뿐.'

홍콩에서 나의 마지막 보금자리가 되었던 곳. 사진만 봐도 저 방의 향기가 나는 듯하다. 그립다. ㅠ_ㅠ

새로운 집으로 이사를 하고 한국으로
돌아가기 전에 엄마가 마지막으로 한 번
더 홍콩에 오셨다. 엄마는 그동안 내게
호의를 베풀어준 친구들을 위해 작은
집들이 준비를 해주셨다. 비록 집은
작지만 홍콩에 있는 내 친구들을 모두
불러서 한국 음식을 대접하기로 했다.
엄마는 넓은 프라이팬에 잡채를 하고,
한국에서 들고 온 김장김치로 찌개도
하고, 된장국도 끓이고….

내가 만든
버섯김치찌개.

'이야~ 진수성찬이다. 그런데 홍콩에서
먹는 마지막 한국 음식이라고 생각하니
마음이 좀 그렇네.'
홍콩을 떠나기 전에 먹는 엄마의
한국 음식은 의미가 있었다. 나보다는
내 친구들을 위한 음식이었기에
더욱더 의미가 있었다. 여기 있는 동안
홍콩 친구들에게 얻어먹기만 해서
미안했었는데, 드디어 엄마가 만든 한국
음식으로 보답할 수 있었다. 떠나기
전에 그럴 수 있어서 다행이었다.
홍콩 친구들, 한국 친구들이 왔고
집들이를 시작했다. 얼마 안 살
새 집이었지만….

냉면.

"아이고, 소냐 언니구나. 혜정이한테
얘기 많이 들었어요. 그렇게 잘
챙겨준다면서~. 정말 고마워요."

엄마의 반찬.

"아이고, 니가 선희구나. 리나네 언니? 맨날 전화하면 써니랑 리나랑 있다고, 그렇게 매일 보는 자매가 니들이구나."
"누구야… 아~ 니가 세바야? 그래 고마워, 내 딸 많이 도와줘서."

엄마는 홍콩 친구들 한 명 한 명에게 내 딸을 챙겨주고 옆에 있어줘서 고맙다고 손을 꼭 잡고 인사를 하셨다.
한국말을 못 알아듣는 세바는 고개를 갸우뚱거리며 눈치껏 '네네'만 했다. ^.^
식탁도 없는 좁디좁은 방바닥에 우리는 신문지를 깔고 밥을 먹었다. 한국 스타일에 적응이 안 된 노엘과 세바는 양반다리가 불편하다면서 다리를 쭉 뻗고 먹었다.
한국에선 어른 앞에서 발을 뻗으면 예의가 아니라고 얘기하자 어쩔 줄 몰라 하는 홍콩 친구들을 보고 엄마는 재미있다며 웃으셨다.
묵은지를 먹는 게 얼마 만이냐면서 소냐 언니가 눈물까지 글썽이며 흰밥에 김치를 올려 먹는다.
'그동안 타지에서 외로워하는 나에게 친구가 되어주고 옆에 있어주었던 고마웠던 사람들…. 이제 이렇게 모여 식사할 수 있는 날도 머지않았구나….'

굿바이 홍콩,

나를 위한 이별 파티

[에스텔라 언니~. 손님이 갑자기
한국에 가버리는 바람에 예약된 호텔 취소가
불가능해서 며칠 내가 그냥 쓰게 됐어요.
우리 호텔에서 피자 시켜 먹고 놀아요!]

리나에게서 문자가 왔다. 여행가이드인 리나는
고객들의 긴급 사태로 종종 이런 횡재를 누리곤 했다.
덕분에 우리까지 호텔에서 쉬게 되니 좋았다.
노엘 써니 부부와 리나, 나 이렇게 넷이서 야식
파티를 하기로 하고 호텔로 향했다.
다들 침사추이로 맛있는 한국 음식을 사러 간 사이
호텔에 일찍 도착한 나는 그들보다 먼저 호텔에
들어가 있었다.

알고 보니 그들은 나를 위해 이별 파티를 준비하고 있었다. 그런데 내가 먼저 도착해버려 이벤트를 미리 준비하지 못하고 결국 내가 보는 앞에서 풍선을 불기 시작했다. ^.^;;;

"야 됐어. 그런 거 뭐하러 해. 아주 가는 것도 아닌데…. 쑥스럽게 하지 마라. 걍 밥이나 먹자 빨리."

내 말은 듣는 둥 마는 둥 그들은 풍선을 계속 불어대기 시작했다. 힘들어 보였고 안 되겠다 싶어 나도 같이 불기 시작했다.

"야 내가 하지 말라고 했지. 내 이별 파티를 내가 준비하냐? 아놔 입에 쥐난다."

우리는 이별을 하는 건지 재회를 하는 건지 모르게 연신 낄낄댔다. 즐거운 분위기 속에 나의 셀프 이별 파티 준비가 계속되었다. 양면테이프가 없어 풍선을 붙이지 못하던 써니는 호텔 방에 비치되어 있는 휴대용 반짇고리로 풍선을 커튼에 달아 장식했다. 호텔 방의 은은한 조명과 풍선 장식, 그리고 한국 음식…. 파티가 시작되었다. 우리 넷은 손을 잡았고, 써니가 나를 위해 기도해주었다.

"하나님, 우리 에스텔라 언니 한국 가서도 행복하게 살게 해주세요. 좋은 남편 만나서 결혼도 하고 어쩌고저쩌고…."

12월 31일 마지막을
'페더보아'에서
친구들과 보내다.
'해피 뉴 이얼'인데
곧 떠날 마음이라
'덜 해피 뉴 이얼'이었다.
해리, 셉, 링컨.

아… 다들 짠해하면서 분위기 잡고 기도하는데
'좋은 남편 만나서'라는 대목에서 다 함께 빵 터졌다.
'갑자기 좋은 남편은 무슨 얘기더냐.'
답가로 나도 기도를 하는데 눈물이 났다. 결국 모두
같이 울어버렸다….
'영영 헤어지는 것도 아닌데 왜 눈물이 나지?
더 멀리 미국도 아니고 가까운 홍콩인데… 얼마든지
다시 볼 수 있는데….'
짧고도 긴 나의 홍콩 생활에서 가장 중요했던 나의
친구들…. 이들이 없었다면 홍콩에서 오래 버티기
힘들었을 것이다. 뒤늦게 사회에서, 그것도 타지에서
만난 한인 친구들 리나, 소냐, 노엘, 써니… 평생
잊을 수 없을 것이다.
'모두들 고마워. 한국 돌아가서도 잊지 않을게.
언제 다시 볼 수 있을지 모르지만, 너희가 주었던
사랑과 고마운 마음 늘 간직할게. ㅠ.ㅠ'

그동안 교회에서
나를 먹여 살렸다
해도 과언이 아니다.
주일이면 교회에서
맛있는 밥으로 끼니를
때웠다. 보답으로
홍콩을 떠나기 전
특송으로 답례를 했다.
노래를 부르는데 목이
메어왔다….
그동안 잘해주셔서
모두들 감사해요.

그리울
홍콩 할매

그리운 사람이 있다. 친구도 아니고 지인도 아닌데 가끔 생각나는 사람이 있다. 그리운 사람이라기보다 궁금한 사람이다.
그녀를 처음 본 것은 바쁘게 움직이는 출근길 인파 속에서였다. 나를 부르지도 않았는데 쳐다보게 만든 사람. 이성도 아닌데 나를 궁금하게 만드는 사람이었다.
오늘도 그 노랫소리가 들려온다.

완차이에 있는 제피 로드 어느 빌딩 앞이었다. 횡단보도 앞에서 한 할머니가 노래를 하고 계셨다. 중국말인지 홍콩말인지 알아들을 수 없었고 수업 가기에 바빠 무심히 지나치곤 했었다. 처음에는 '돈 벌려고 노래하시는 건가' 하고 생각했지만, 그러기에는 옷도 항상 깔끔하고 새 운동화에 머리모양새도 단정했다. 그런데 매일 낮 같은 시간에 노래를 부르고 계셨다. 어떤 때는 집을 나서기도 전에 오늘도 할머니가 나와 계실까 궁금하기도 했다.

그날 점심시간에도 어김없이 할머니는 노래를 흥얼거리고 계셨다. 잘 들어보니 나름 정확한 발음으로 노래를 부르고 계셨다. 서서 부르다가 한 곡이 끝나면 다시 그 빌딩 앞 바닥에 앉아서 쉬다가 잠시 후 다시 노래를 하곤 하셨다.
무심코 지나치기만 했는데 갑자기 궁금해지기
시작했다.
'시위라도 하시는 건가? 아니면 누군가를
기다리시나?'
혼자서 추측해봤지만 도무지 알 수 없었다.
다른 이들도 이젠 그러려니 하고 지나는 것 같고
노래를 제지하는 사람도 없었다. 빌딩 경비원들이
제지할 만도 한데 늘 가만히 보고만 있었다.
나는 할머니를 가만히 쳐다보았다. 그녀의 눈빛이
궁금했다. 왜 노래를 하시는지, 왜 같은 시간 같은
장소에 늘 계시는 건지 궁금했다. 횡단보도 신호가
바뀐지도 모르고 넋 나간 사람처럼 할머니를 보게
되었다. 할머니와 눈이 마주쳤다. 할머니는 내가
쳐다보던 말건 개의치 않고 계속해서 노래를
부르셨다.
'궁금하다. 누구한테 물어보지? 궁금한 것 많은
황보 못 참겠다. 그래, 신호를 기다리는 남자한테
물어보자.'
나는 할머니가 왜 여기에서 매일 노래를 하시는지
신호가 바뀌기를 기다리는 남자에게 물었다. 그도
역시 잘은 모르는 것 같았다. 나와 말이 잘 통하지도
않아서 내가 완벽히 이해 못한 것일 수도 있지만.
그가 알기로는 그 할머니의 아들이 이곳에서
일했었다고 한다. 할머니가 노래하는 이곳 빌딩
말이다. 어떤 사연이 있는 걸까?

더욱 궁금해진 나는 빌딩 경비원에게 다가가 물었다.
경비원은 대답은 하지 않고 그런 질문을 하는 나를 보고 웃기만 했다.
'하긴 지금까지도 할머니에 대해 질문한 사람은 나밖에 없을 듯….'
그렇게 시간은 지나고 있었고 하루라도 할머니가 보이지 않는 날이면 나도 모르게 걱정하게 되었다.
'어디가 많이 아프신가? 늦잠이라도 주무셨나?'
걱정하는 마음으로 수업을 듣고 집으로 갈 때마다 언젠가부터 할머니가 출근하셨는지 확인하기 위해 일부러 그 빌딩 앞을 지나쳐 지하철을 타러 가곤 했다.
나는 그 후 이런저런 이유로 학원을 옮기게 되었고, 그다음부터는 할머니를 보기가 힘들었다. 누가 홍콩 간다고 하면 그 할머니의 모습이 생각나 확인 좀 해달라고 농담 반 진담 반으로 말하곤 한다.
나의 과거를 스쳐간 노래하는 할머니의 모습 속에 내가 있었다. 그녀는 내 모습일지 모른다. 누군가를 기다리는 할머니, 그리고 할머니에게서 본 나를 나는 기억한다.
'1년이 훌쩍 지났는데 지금도 그곳에서 노래하고 계실까? 다음에 가면 꼭 이유를 물어봐야지~.'

홍콩에서의
마지막 촬영

에이전시에서 연락이 왔다. 최종 선발에서 내가
선택이 되었다는 것이다.
'오~ 홍콩 모델들과의 경쟁을 뚫고 올라간 거지?
자랑스럽다, 혜정아.'
3일 뒤 촬영이므로 의상 피팅을 하러 몽콕으로 가야
했다. 몽콕은 청계천만큼 여러 상가와 주전부리를
파는 가게가 많다. 그래서 거리는 분주하지만
꽤 재밌는 동네이다.
몽콕에 도착하여 미리 받은 주소를 따라가는데,
몽콕 시장 안 무슨 허름한 스튜디오인지 상점인지
정체 모를 건물 꼭대기가 나왔다.
안으로 들어서니 내가 너무 일찍 도착했는지
사무실에서 일을 보던 사람들이 당황해했다. 내 담당
스타일리스트에게 모델이 도착했으니 빨리 오라고
전화를 걸고 있었다. 전화기 너머로 아직 시간도
안 됐는데 뭐 이리 빨리 왔냐는 소리가 들려왔다.
아는 사람은 알지만, 나는 시간 약속 지키는 걸
중요하게 생각한다. 아예 일찍 와서 기다리는 게 낫지
누군가를 기다리게 하는 건 좀 불편하다. 그래서
친구들은 가끔 나와 약속을 하면 부담스럽다고
한다. 항상 먼저 나와 있고 약속을 칼같이 지켜서
피곤하기까지 하다는 것이다. 간혹 늦잠이라도
자서 내가 늦는 날이면 행여 내게 무슨 일이 생긴 줄
알고 걱정할 정도다. 시간 약속은 잘 지켜야 한다고
생각한다. 지각도 버릇이다. 지각하는 사람은 항상
지각을 한다. 신뢰를 무너뜨리는 행동이다.

약속 시간보다 10분이나 일찍 도착했는데도
스타일리스트는 기다리는 내게 미안해 뛰어왔는지
가쁜 숨을 내쉬며 문 안으로 들어섰다.

"Sorry, I reached early."

너무 일찍 도착해서 미안하다고 말하는 내게
스타일리스트는 괜찮다고 하면서 준비해 온 의상을
건네주고서 갈아입고 나오라 했다. 나는 옷을 들고
건물 안에 있는 화장실로 들어가 첫 번째 옷을
갈아입었다. 그러고는 사진 테스트를 했다. 두 번째
의상도 갈아입고 스타일리스트에게 보여줬다.
약 네댓 벌의 의상을 번갈아 입으며 촬영 당일 날
입을 옷을 결정했다. 촬영 날 보기로 약속하고 인사를
하고 나왔다.

몽콕까지 왔는데 주전부리를 안 할 수가 없지 않은가.
'비록 혼자지만 난 먹고야 말겠어.'
길거리 튀김집에 들러 피망, 가지 등등 각종
튀김을 포장한 후 '취와' 식당으로 들어갔다.
물론 모르는 여자와 단둘이 한 테이블에서 식사.
이제 뭐 이쯤이야. 누구와 밥을 먹어도 체하지 않을
자신이 있다.
내가 제일 좋아하는 계란덮밥을 주문했다.
종이봉투에 포장해 온 튀김까지 꺼내 먹으며 나도
이제 홍콩 사람이 다 되었다는 걸 깨달았다. 아무리
배고파도 빈자리가 있어도 식당에 혼자 들어가지
못했는데 뻔뻔하게 모르는 사람들과 마주앉아 밥도
먹고, 검정 비닐봉지를 들고 돌아다니고….
'홍콩에서의 시간이 그만큼 흘렀구나.'
동시에 이곳을 떠날 시간이 얼마 남지 않았음을
떠올렸다.

before
내가 좋아하는 매운
국수 운남면.

after
순식간에 뚝딱.

정신 줄
놓을 뻔한
홍콩의

마지막 날

천둥 치던
날, 무섭기도
했지만 비행기가
뜨지 않기를
바랬었는지도
모른다.

비가 내린다. 그것도 아주 많이. 태풍이 온단다. 천둥번개도 치는 데다가 내리는 빗소리가 장난이 아니다. 누군가 양동이로 내 방 창문에 물을 퍼붓는 것 같다. 대낮인데도 밖이 저녁처럼 캄캄하다.
수업도 없어서, 밤 비행 시간까지 빈방에 혼자 있으려니 무섭다. 비 오는 날을 좋아하고 내리는 빗소리를 좋아하지만 이건 좀 공포스럽다.

비 오는 날이면 생각이 많아진다. 창문 밖으로 지나는 우산들의 색을 하나 둘 세어가며 센치해진다. 이런 날은 마음도 뒤숭숭해 공부고 뭐고 손에 잡히지 않는다.
'감성이 풍부한 건지 잡생각이 많은 건지… 그냥 아티스트의 고충이라고 해두자.'

곧 밤 비행기로 한국에 들어간다. 12시 30분 비행기. 그러니까 다음 날로 넘어가 도착하는 비행기를 타고 가는 것이다.
공항에는 2시간 전까지 가면 된다. 그러나 나는 그보다 더 일찍 간다. 그것도 너~무 일찍. 저녁 7시면 이미 짐 싸 들고 공항 라운지에 가 있다. 식사도, 인터넷도, 음료수, 물 등등 모두가 공짜이니 집에서 혼자 밥해 먹는 것보다 일찍 가서 라운지 카드를 활용하는 편이 낫다.
맛난 음식으로 허기진 배를 채우고 나면 인터넷으로 미드 보고, 영어 공부 하고, 일기도 쓰고, 글도 쓰고 할 일이 많다. 라운지 직원들은 나를 가깝게 느끼고 있는 것이 분명하다. 직원들끼리 숙덕대는 걸 보면, 내 얘기를 하는 게 분명하다.

'저 여잔 뭘까… 일주일에 한 번씩 와서 죽치고 있는 저 여자는 뭐하는 여자일까… 라고 하겠지?'

지금 생각해보면 홍콩에서 살 때만큼 공부를 열심히 했던 적이 없는 것 같다. 하지만 친구들도 많아지고, 나가서 노는 시간도 많아지면서 처음의 헝그리 정신이 조금은 해이해졌다. 혼자 공부하는 것보다 나가서 친구들과 놀면서 영어 한마디라도 더 하는 게 나을 거라고 합리화하기도 했다. 오늘도 놀다가 겨우 티케팅 시간이 다 되어서야 공항에 도착했다. 눈물을 머금고 힘들게 한국을 떠나온 만큼 열심히 공부하리라 다짐했던 나의 도전 정신은 어디로 갔나.

'황보혜정!!!
정신 줄 놓지 말자!
Wake up and
smell the coffee!!!'

분위기 내는 척.

거울을 대신하여
셀카로 보는 나의
얼굴. 늦은 시각
잡생각에 빠져 나의
타지 생활을 한번
돌아보는 중이었다.

집에서 카페에서
라운지에서
어디서든 시간만
나면 공부를 했던
나인데….

눈물의
컴백 홈

내 홍콩 살림살이들은 짐이 오버되어 한국으로
다 부치지 못했고, 상자 몇 개를 홍콩에 남겨두고
떠나야 했다. 당장 급할 게 없어서 가격이 저렴한
배편으로 나중에 받기로 했다.
돌아갈 때 짐은 다 버리고 가야지 했지만 막상
버리고 오려니 아까웠다. 프라이팬이나 목욕
용품뿐이었지만 그래도 정이 들었고 아직 쓸 만해서
버리기 망설여졌다. 화장실 용품들은 친구들에게
나누어주고, 그릇 등 주방 용품과 반찬은 소냐
언니에게 주었다.

공항으로 향하는 마음은 묘했다. 한국으로 돌아가는
날이 올까 했는데 그 시간이 바로 앞으로 다가온
것이다. 모든 걸 정리하고 짐 싸 들고 한국을 떠나온
지가 엊그제 같은데 벌써 1년이란 시간이 흘렀다.
'길고도 짧은 여정을 이제 마무리해야 한다니… 후~.'
이곳에서 더 자유롭고 싶었던 마음을 다잡고
단단해져야 할 것 같았다. 한국을 떠나 홍콩으로
올 때 들었던 두려움이 다시 생겨났다.
'내 나라로 돌아가는데 뭐가 이렇게 두려운 걸까….
이곳에서 누렸던 자유와 여유를 다시는 누릴 수
없을까 봐 두려운 걸까….'
일에 대한 스트레스, 다시 한국에서의 평범한
일상으로 돌아가야 한다고 생각하니 부담감이
밀려왔다.

1년 동안 살면서 저리 짐이 많이 늘어났구나.

2개월이 다 지나서야 나머지 짐이 한국에 도착. (배로 받기 때문에 한 달 이상이 걸린다. 빨리 받으려면 돈을 더 내면 되지만 그리 급할 건 없었다.)

나 안 가면
안 될까….
at 침사추이
울루물루.

사실 다시 방송 일을 하고 싶지 않다. 물론 여기까지 와놓고 평범한 사람으로 돌아가기는 힘들 것이다. 그런데도 슬슬 활동을 안 하면 다시 평범하게 살 수 있지 않을까 하는 생각은 늘 해왔다. '평범하게 사는 것이 가장 힘들다'라고 모두들 얘기한다. 그럼에도 나는 평범하게 살고 싶다.

마지막 짐을 체크인하고 티켓을 받고 게이트로 들어섰다. 괜히 한번 뒤를 돌아서 보았다. 혹시나 가지 말라고 붙잡아주는 사람이 있길 바라면서 비행기 안으로 들어갔다. 안전벨트를 매는 순간 눈물이 볼을 타고 흘러내렸다.
'아 창피해. 비행기 안에서 혼자 눈물이나 훔치고 있고…'
친구들이 비행기 안에서 보라고 만들어준 앨범을 꺼내 들었다.
'지금 보지 말까? 나 아마 엉엉 소리 내어 울지도 몰라…'

친구들이 건네준 앨범을 열었다. 함께 웃고 울고 한 우리의 추억들이 사진에 고스란히 담겨 있었다. 너의 행복을 바란다는 메시지도 함께였다.
승무원에게 휴지를 받아가며 울었다. 내 옆자리에 앉은 사람은 이 여자 왜 울고 있나 했을 것이다.
'나 안 가면 안 될까? 얘들아, 나 하나 먹여주고 재워줄 데 진정 없냐? 으헝. ㅠ.ㅠ'

웰컴 백,
황보혜정!

모든 것이 그대로였다. 내 침대 옆 저 스탠드도….

한국 도착한 첫날 밤 침대에 눕자 나도 모르게 눈물이 흘렀다. 한국에 돌아오고 싶었지만 홍콩을 잊을 수 없어 흐르는 눈물이었다.

똑같았다. 집에 들어서니 나를 반겨주는 제리, 베리, 진스…. 집 안도 어느 하나 바뀐 것 없이 모든 게 똑같았다.
'나만 변했을까?'
너무도 똑같아서 집을 떠나 있던 지난 1년의 시간이 어젯밤 꿈처럼 느껴졌다. 그 꿈에서 깨어나 나는 내 방에서 거실로 물 한잔 마시려고 나왔다.
'저 캐리어의 짐을 풀다 보면 내 지난밤 꿈속의 추억들도 하나둘씩 나오려나? 아… 풀고 싶지 않다.'
꿈에서 깨어날 것만 같아 짐 가방을 열고 싶지가 않았다. 믿겨지지 않았다. 1년 후면 어디론가 더 훨훨 날고 있을 줄 알았는데 그게 아니었다.

"welcome back~~~."

돌아와서 축하한다고, 기쁘다고, 수고했다고
연락 오는 지인들이 있는 반면 내가 어디 갔었는지,
그동안 한국에 없었는지조차 모르는 이들도 있었다.
하하하 그게 나지. 조용히 살기.
한국으로 돌아가면 시집가야지, 가정을 꾸리고
부모님께 더 효도하고, 사업 번창시키고….
내 나름대로의 계획들이 있었지만 현실은 첫 번째
계획이었던 결혼부터 무산되었다.
'집은 재계약했으니 앞으로 1~2년은 혼자 더 살면
되고…. 음… 금세 35살이 되어버렸잖아.'
뭐 요즘은 100세 시대라고 하지 않던가. 난 이제 겨우
내 생애의 35퍼센트밖에 안 살았다. 이제 시작이다.

나만 간직 하고팠던
나의 일기를 세상에
내놓기로 결심했다.

늦잠 실컷 자고 짐 정리도 하지 않은 채로 뒹굴거리며
한 달을 보냈다. 못 봤던 친구들도 보고, 못 했던
성경 수업도 참석하고, 머릿속에 사업 구상이
한가득인 채로 시간을 보냈다.
'윽, 머리 아프다….'
돈도 거의 다 써버리고 얼마 남지 않은 돈으로 사업을
시작하기로 했다. 늘 하고 싶었던 타지 생활도 하고
왔으니 그다음은 나만의 공간을 마련할 차례였다.
요리하는 거 좋아하고, 사람 초대하는 거 좋아하고,
인테리어에 관심이 많은 나는 카페 & 펍을 차리기로
결심했다.
'다들 카페 하려면 몇 억씩 든다던데… 진짜인가?
그만한 돈은 없는데….'
친구들이 나의 집에 와서 커피 마시고 공부하고
쉬고 노는 것을 보면서 나만의 아지트를 꿈꿔왔다.
작아도 나만의 아지트면 좋았다. 아니, 그것은 나만의
아지트가 아니라 우리의 아지트가 될 거였다.
발품을 팔아 우리의 아지트가 될 곳을 두 달 만에
힘들게 찾았다. 홍대 상수동 어느 한 건물 3층에
아지트를 꾸미기 시작했다. 집기는 그동안 외국을
다니면서 인테리어용으로 사두었던 것을 사용하기로
하고, 나의 집에 있던 가구를 옮기고 주방 도구도
집에서 가져다 모았다. 지금 나의 집은 텅 비어 있다.
테이블은 전에 세입자가 두고 간 큰 테이블 2개가
있었고, 거기다 집에 있던 사물함 상자 2개를 겹쳐
올려 테이블로 둔갑시켰다. 의자는 내가 사는
아파트에 재활용 물건으로 버려진 것을 가져왔고,
가구 모으기가 취미인 '허명욱' 사진작가님으로부터
테이블 의자 6개와 스탠드 의자 6개를 얻었다.

나만의 아지트가 완성됐다. 해먹에 누워 컴백한 나를 환영하며 다시 한 번 여유를 부려보고 싶다. 나만의 아지트 말고 당신들의 아지트가 되었으면 좋겠다.

무작정 잘 모르는 이 작가님께 전화해서 버리는 가구가 있으면 기부해달라고 해서 얻은 것이다. 나 참 '무대뽀'이다. 작가님도 뭐 이런 당돌한 아가씨가 있나 하셨다며, 내 사정을 들으시고 도전하는 모습이 기특하다면서 기꺼이 선물로 주셨다.
보증금 대출, 임대료는 매출에서 충당하는 걸로 하고 당분간은 직원 없이 혼자서 가게를 꾸리기로 했다. 뭐 고생은 하겠지만 이만큼 퍼펙트할 수 없다. 어디에도 쉬운 길은 없으니 이쯤이야 감수할 수 있다. 이제 오픈만 하면 된다.

그러다가 큰일이 벌어졌다. 아버지가 갑작스럽게
쓰러지신 것이다. 엄마의 전화를 받고 인테리어하다
말고 허둥지둥 병원으로 달려갔다. 아버지는
뇌출혈로 사경을 헤매고 계셨다. 곧바로 수술을
했지만 너무 늦게 발견되어 이미 160cc의 피를
흘리셔서 회복이 좀 어려웠다. 눈뜨시기만을 바랐다.
수술을 하고 한 달이 지나서야 중환자실의
아버지가 의식을 찾으셨다. 눈은 뜨셨지만 우리를
알아보시는지 못 알아보시는지 알기 어려웠다.
'가게 계약할 때 같이 다녀주셨는데 이틀 만에
이게 무슨 날벼락이람. 이제 다시 부모님 곁에서
효도하면서 잘 살아야지 했는데….'
혼자 그렇게 잘 돌아다니고 잘 놀았으니 이제라도
딸 노릇 하라는 뜻인가 보다고 생각했다.
'아버지 죄송해요…. 늘 건강하셔서 아무 걱정 없이
나 하고 싶은 대로만 살았어요…. ㅠ.ㅠ'

아버지 빨리
일어나세요….
저 왔어요….

에필로그
떠나지 않았으면 몰랐을 것들

한국으로 돌아온 지 벌써 1년이 다 되어간다.
이래저래 다시 일을 시작하고 사업 때문에 바쁘게
지내다 보니 당분간 결혼은 안 할 것 같다. 아니
못할 것 같다.
'할 사람이 없으니까. 흠흠… 다시 누군가를 만나고
밀당하고 연애하고… 에휴….'
이런 거 따질 입장도 아닌데 사실 귀찮다.
잘 보이려고 잘해주려고 뭐든 해야 하는 것이 지치고
힘들다. 처음의 그 설렘으로 사는 게 기쁜 일이라는
걸 알기에 아쉽지만, 지금은 그럴 여력이 없다.
그렇다고 새로운 사람 만날 기회도 없다. 내 사업과
내 가족에 충실하고 싶다.
결혼식장에 들어갈 때는 아버지가 딸의 손을
잡고 입장해야 한다는 걸 다시 떠올린 것도 얼마
되지 않았다. 아버지는 아직 재활 중이시다. 아직
움직이지도 말씀하지도 못하신다. 어쩌면 그 핑계로
당분간 시집 안 가도 되겠다고 위안하고 있는지도
모른다.
'아버지, 나 아빠랑 꼭 같이 식장에 들어갈 거니까
그렇게 아세요! 그러니 어여 완쾌하세요. ㅠ.ㅠ'

꿈꾸기만 했던 것을 할 수 있어서 감사하고, 내가 한국에 다시 돌아와서 부모님 곁에 있을 때 아버지가 쓰러진 것에 감사하고, 내 아지트에서 글을 쓸 수 있어서 감사하다.

나 비록 돈도 잃고, 남자 친구도 잃었지만 그건 결코 잃은 게 아니라고 말하고 싶다. 35살의 나를 위한 투자였다. 모아둔 돈으로 친구들은 차를 바꿨지만 난 그 돈으로 다른 나라에서 살아보았다. 떠나지 않았다면 몰랐을 것이다. 무엇이 소중하고, 무엇이 내 것이고, 무엇이 나인지….

우선, 죽을 때 돈은 못 가져간다. 번 돈의 3분의 1은 남을 위해, 3분의 1은 가족을 위해, 그리고 나머지 3분의 1은 나를 위해 쓰면서 살고 싶다.

인생의 마지막은 가족이다. 가족을 위해 살아가고 돈을 벌고 뭐든 하려는 것이다. 무엇이 소중한지 알았을 때는 떠나지 말았으면 좋겠다.

그런데 나, 벌써부터 또 어디론가 떠나고 싶어서 몸이 근질근질하다.

추천사

●

한국 컴패션(국제 어린이 양육기구)에서 오랫동안 함께 자원봉사를 한 황보혜정 씨가 첫 출간할 책의 추천사를 부탁하기에 흔쾌히 써주겠다고 약속하고 이메일로 원고를 받았다.
컴패션 봉사 이야기일 줄 알았는데, 컴패션 얘기는 한 마디도 없고 난데없는 홍콩 이야기다.
그것도 홍콩에서 논 이야기, 식당에서 뭐 먹은 이야기, 클럽 간 이야기 등이다. 개인적으로 나와 공통점을 찾을 수가 없었다. 난 외국에 놀러 다니는 걸 별로 안 좋아하고 집에 그냥 있는 걸 좋아한다. 더구나 홍콩은 지난 2003년 〈홍콩 익스프레스〉라는 SBS 드라마 촬영 차 방문, 3주 동안 있으면서 매일 밤샘 고생을 했기에 그 이후로 별로 안 가고 싶은 나라 1순위로 입력돼 있다.
이미 추천사를 써주겠다고 약속을 했으나 별로 추천할 말이 없는 이 사태를 어떡해야 하나 고민하며 원고를 읽기 시작했다.

그런데 재미있었다. 그래서 다 읽었다.
노안이 온 이후로 모니터로 긴 글을 보는 걸 안 좋아하는데도 불구하고, 컴퓨터 앞에 앉아 원고를 끝까지 다 읽었다. 소소한 일상을 그린 글 솜씨가 꽤 괜찮았다. 사진을 배치한 구성도 치밀했다. 출국 전부터, 홍콩에서의 생활, 그리고 귀국까지의 일상 기록과 생각의 흐름이 세밀하게 기록되어 있었다. 무엇보다 편안하고 안정된 삶을 잠시 내려놓고, 연예인이라는 명찰도 떼어버리고, 과감하게 박차고 나간 황보혜정의 결단이 나를 자극했다. 마음의 책장 한구석 어딘가에 꽂혀 있을 나의 오래된 꿈을 상기시켰다. 원고를 다 읽고 나니, 홀로 외국에서 멋진 시간을 보낸 황보혜정 씨가 부러워졌다. 그러면서 봉사도 좋고 일상도 좋지만 때로는 자신만을 위해서 무언가 변화를 주는 삶도 필요하겠다는 생각이 들었다.

이 책을 다음 독자들께 추천한다.

1. 황보혜정을 좋아하거나 알고 싶은 분.
2. 외국에서 혼자 살아보고 싶은 분.
3. 자신만이 간직한 오래된 꿈을 마음의 책장에서 꺼내 펼쳐보고 싶은 분.
4. 무언가를 할까 말까 망설이는 분(단, 나쁜 일은 안 됨).
5. 이 책을 읽을까 말까 망설이는 분.

결국 인생을 정리하고 결제하고 졸업하는 마지막 날, 각자에게 던져질 최후의 질문은 "했냐?" "안 했냐?"일 것이다. 꿈꾸는 삶을 상기시켜준 황보혜정의 박차고 나간 과감한 결단에 박수를 보낸다.

차인표 배우

●

친한 후배가 갑작스럽게 부친상을 알려 왔다. 허겁지겁 부산으로 가는 기차표를 예매하고 부랴부랴 기차를 탔다. 후배를 위로하고 육개장으로 배를 채우고 또 바쁘게 서울행 기차에 타 앉아 있다가 문득 추천사를 부탁하며 건네준 황보의 원고가 생각났다. 부산에서 읽기 시작해서 천안 아산쯤 지날 때 마지막 장을 덮었다.
이 원고 좀 이상했다. 문장이 매끄러운 것도 아니고 미사여구도 없는데…. 그냥 평소에 황보가 중얼거리듯 거칠고 툭툭 던져놓은 글인데 뭔지 모르게 가슴이 찡해졌다.

누구나 꿈이 있다. 근데 그 꿈을 이루고 사는 사람이

몇 명이나 있을까. 나도 해보고 싶은 게 많았는데
시간 땜에 돈 땜에 가족들 땜에 덮어놓고 잊어버린
꿈들이 얼마나 많았나….
최근에 난 옥탑방에서 혼자 딱 6개월만 살아봤으면
하는 다소 황당한 꿈이 있었다. 대가족에 늘 이리저리
치이다 보니 생긴 꿈이겠지…. 생각만으로 좋았다.
뭐 어차피 실현 못할 꿈의 명단에 있었으니까.
황보 원고를 읽으면서 덮어놨던 내 꿈들이 슬며시
고개를 들었다. 부럽다. 질투가 났다. 다시 살 수만
있다면 이 책에 있는 황보처럼 한번 살아보고 싶다.

난 늘 황보가 부럽다. 성형 미인이 가득한 연예계에서
전혀 손대지 않은 자연미인 얼굴도 부럽고, 무지하게
먹는데 숨어 있지 않은 복근도 부럽고, 아무거나 슥
걸쳐도 옷 태 나는 패션 감각도 부럽고, 지 하기 싫으면
죽어도 하지 않는 고집도, 그리고 하고 싶은 건 꼭
하고야 마는 성격도 부럽다. 원고를 읽고 나니 살아가는
방식도 부럽다. 홍콩 가서 영어 공부 한다더니 공부보다
인생을 더 배우고 온 거 같다.

원고를 읽는 내내 부러워하다 서울 도착. 밤참 사 오라는
아들내미 전화. 주먹밥 사 들고 집에 들어가서 배 깔고
황보 원고나 한 번 더 읽어야지.

멋진 황보의 홍콩 입성 성공기!!
꿈을 미루고 있는 분들, 삶이 지쳐 뭔가 다른 삶을
도전하고 싶은 분들에게 황보의 이야기를 들려주고
싶다.
아~~ 홍콩 가고 싶다.

박미선 방송인, 개그우먼

●
드디어 황보가 책을….

"저 지난 1년간 홍콩에 있었어요."
오랫동안 소식이 없었던 황보 씨가 불현듯 회사 앞으로
찾아와 한 말이었다. 그러곤 그렇게 떠난 데에 내 영향도
있었다고 했다. 언젠가 내게 "어려서부터 유학을 가고
싶었다"고 했더니 내가 '해보고 싶은 건 할 수 있을 때 빨리
하라'고 했다는 것이다. 솔직히 기억이 안 났다.
게다가 그 뒤로 한 얘기들. 남자 친구와 결별해 결혼은
물 건너가고, 모아놓은 것 다 쓰고 와서 빈털터리가
되고…. 이런 말을 들으며 슬그머니 후회도 됐다.
'내가 남의 인생을 어떻게 안다고 그런 무책임한 조언을
했을까?'
그러나 이런 얘기를 하는 그녀는 그렇게 밝고 긍정적일
수가 없었다. 자신이 잃은 것보다 떠났기에 발견한 자기
자신에 대해 더 감사하다고도 했다. 그리고 홍콩에서 계속
써왔던 일기를 보여줬다. 그 자리에서 우리는 이 일기를
출판해보자고 의견을 모았다. 일기를 보여준다는 게
이상하게 들릴 수도 있지만, 황보에게 나는 일종의 글 선생
같은 존재였던 것 같다.

내가 황보를 처음 만난 건 6년 전이었다. 여행과
생활문화를 다루는 섹션인 'Week&' 팀장을 맡았을 때였다.
당시 섹션을 '예능 지면'처럼 만들어보고 싶어 연예인들의
칼럼을 도입했다. 그 무렵 우연히 TV에서 그녀가 재봉틀로
금세 옷 하나를 뚝딱 만드는 것을 보고, '황보에게서 배우는
재봉질'로 몇 회를 꾸며도 괜찮겠다는 생각에 그녀를
만났었다.
처음 본 그녀는 뭔가 독특하고 달랐다. 나는 그녀에게
선택권을 주었다. 글을 직접 써서 보내도 되고, 기자가
취재를 해서 대신 써도 된다고. 후자를 택할 줄 알았다.
한데 그녀는 "글쓰기를 배운 적은 없지만 어려서부터
매일 일기를 써왔다. 내가 쓴 글을 봐줄 수 있겠느냐"고

했다. 예쁜 여자 연예인이 그렇게 적극적으로 글쓰기를
자청하는 모습은 의외였고, 신선했다. 그래서 아예 '황보의
FunFun 라이프'라는 제목의 칼럼란을 만들었다.
아마추어 칼럼니스트라는 점에서 그녀의 원고는 내가
직접 맡았다. 몇 회 정도로 생각했던 그녀의 칼럼은 다음
지면 개편 때까지 1년 동안 계속됐다. 스토리를 엮어내는
능력이 있었고, 가식이 없었고, 표현할 줄 알았다. 이는
글 쓰는 이에게 꽤 큰 자질이다. 테크닉은 그다음이다.
한번은 신봉선 씨가 내게 "휘리릭 써서 보내면 기자님이
다 고쳐주시죠?"라고 물었다. 그래서 내가 대답했다.
"아뇨. 어색한 표현 정도 수정하고, 글을 연결만 시켜줘요.
다 황보가 쓴 거예요." 그건 사실이다.
그녀는 성실했다. 칼럼에 사진이 한 장씩 들어갔는데,
여러 각도에서 100장 가까이 사진을 찍어 보내곤 했다.
게다가 마감 시간으로 애먹이는 일이 없었다. 보통 마감
날이라 하면, 그날 저녁까지를 말한다. 그러나 그녀는
항상 그 전날이나 그날 새벽 3~4시에 원고를 보내놓았다.
황보와 일하면서 나는 '신기한 세계'를 발견한 느낌이었다.
그녀의 글에선 강한 자존감이 느껴졌고, 매번 혼신을 다한
느낌이 전달됐다. 예쁘고 젊은 여성 연예인이 정신 똑바로
차리고 사느라 애쓰는 느낌, 뭐라 표현할 수는 없지만
때론 그 모습이 참 딱하게 다가오기도 했다.
대단히 매력적인 여성의 발견이었다. 고백하자면
내 소설 《카페 만우절》에 나오는 매력적 여류 시인
윤세린을 까무잡잡한 피부에 털털한 모습으로 묘사한
것도 황보에게서 영감을 얻은 것이었다.
어쨌든 우리 황보 씨가 이렇게 긴 글을 엮어 책으로
냈다. 괜히 내가 우쭐해진다. 마치 제자를 잘 길러 세상에
내보내는 것처럼. 한데 내 책들을 낼 때보다 더 가슴이
콩닥거리는 이유는 뭘까?

'독자 여러분, 그녀 서른다섯 인생의 도전에 애정 어린
따뜻한 시선을 보내주시기 바랍니다.'

양선희 중앙일보 논설위원, 소설가

난 지금 배가 아프다.
홍콩 가서 입도 뻥긋 못할 줄 알았는데, 외국인 친구를 줄줄이 달고 나타났다.
외로워할 줄 알았더니, 외로움을 즐기는 여유가 생겼다.
홍콩 거지가 될 줄 알았더니, 돈 없어도 재밌게 사는 법을 깨닫고 돌아왔다.
(개)고생 좀 한 줄 알았더니, 고생의 대가로 황홀한 추억을 담고 왔다.
게다가 효녀였던 그녀는 더 효녀가 되어버렸다.
악. 부러운 게 한두 가지가 아니다.
무엇보다 책 한 권이 나올 법한 다양한 에피소드가 생겼다는 것은 진정 부러움 한가득이다.
이 부러움은 점점 후회로 밀려온다. 나는 왜 과감히 떠나지 못했을까.
황보가 홍콩으로 왜 떠났는지, 거기서 무슨 일이 있었는지, 그걸 보고 나는 왜 부러워하는지.
궁금하다면 홍콩에서 적어 내려간 그녀의 일기장을 들여다보자.
일기장을 훔쳐보는 건 무조건 재밌는 일이니까.

마니조 방송작가

If Not Now When
© 황보혜정, 2015

초판 1쇄 인쇄 2014년 12월 26일
초판 1쇄 발행 2015년 1월 2일

지은이 황보혜정
펴낸이 김영훈
편집 이원숙 이경연
디자인 이기준
펴낸곳 안나푸르나
출판신고 2012년 5월 11일
주소 경기도 고양시 일산동구 숲속마을1로 55, 210-901
전화 010-5363-5150
팩스 0504-849-5150
전자우편 idealism@naver.com

ISBN 979-11-950547-7-0 03810

- 저자와의 협의로 인지는 붙이지 않습니다.
- 이 책은 저작권법에 따라 보호받는 저작물이므로 무단 전재와 복제를 금하며, 이 책의 내용 전부 또는 일부를 이용하려면 반드시 저작권자와 안나푸르나의 서면 동의를 받아야 합니다.
- 유통 중에 파손된 책은 구입하신 서점에서 바꾸어 드리며, 책값은 뒤표지에 있습니다.

- 이 도서의 국립중앙도서관 출판도서목록(CIP)은 서지정보유통지원시스템 홈페이지(http://seoji.nl.go.kr)와 국가자료공동목록시스템(http://www.nl.go.kr/kolisner)에서 이용하실 수 있습니다. (CIP제어번호: 2014037512)